Christoph Delp

Kampfsport Solotraining

Christoph Delp

Kampfsport Solotraining

pietsch

Einbandgestaltung: Dos Luis Santos

ISBN 978-3-613-50535-3

3. Auflage 2009

Sie finden uns im Internet unter: www.pietsch-verlag.de

Lektor: Marko Schweizer
Innengestaltung: Anita Ament
Druck und Bindung: Vychodoslovenske Tlaciarne, 04267 Kosice
Printed in Slovac Republic

Danksagung des Verfassers

Ich bedanke mich bei meiner Familie für die Unterstützung; bei Oliver Glatow für die Hilfe bei den Fotoproduktionen; bei Marko Schweizer (Pietsch Verlag) für die Unterstützung zur Verwirklichung meiner Buchprojekte; bei Anita Ament für die gelungene Buchgestaltung; bei dem Fotographen Nopphadol Viwatkamolwat für die schönen Bilder und natürlich bei allen Darstellern für die hervorragende Zusammenarbeit.

Inhalt

Teil I: Solotraining Basics

Im Kampfsport erreichen Sie hohe Ziele, wenn Sie alle Facetten körperlicher Leistungsfähigkeit bestmöglich trainieren. Dazu genügt es nicht, reines Kampfsporttraining im Verein zu machen. Mit zusätzlichem Solotraining können Sie gezielt Schwachstellen verringern und somit zu einem besseren Kampfsportler werden.

Viele Menschen haben aber gar kein Interesse, einen Kampfsportverein aufzusuchen, sondern wollen die Kampfsporttechniken selbstständig am Sandsack üben, um sich fit zu halten und Stress abzubauen. Auch als Einsteiger können Sie mit sinnvoll geplantem Solotraining gute Trainingsergebnisse erreichen.

Dieses Buch vermittelt die Grundlagen des eigenständigen Kampfsporttrainings. Kampfsportler lernen Workouts kennen, die auf die Beseitigung von Schwachstellen bei einzelnen Techniken ausgerichtet sind und solche, die die Kraftleistungsfähigkeit mit hoch effektiven Übungen verbessern. Und auch Einsteiger erhalten in diesem Buch alle wichtigen Grundlagen, mit denen sie sich ein effektives Kampfsporttraining selbstständig aufbauen können. Nutzen Sie dieses Buch, gleich ob als Einsteiger oder bereits aktiver Kampfsportler, um langfristig den Körper mit selbständigen Kampfsport- und Krafteinheiten wirkungsvoll zu trainieren.

TOP TEN
WAKO

Zum Buchaufbau

Das Buch liefert im ersten Kapitel das Grundwissen zum Kampfsport Solotraining. Auch werden Sie darüber informiert, welche Trainingsgeräte Sie für das Training einsetzen können.

Das zweite Kapitel stellt Techniken vor, die sich für das Solotraining eignen, da sie selbstständig am Sandsack geübt werden können. Sie lernen Techniken aus dem Vollkontakt-Kampfsport kennen, ebenso wie Techniken, die nur zur Selbstverteidigung eingesetzt werden dürfen.

Das dritte Kapitel widmet sich dem Krafttraining. Es werden intensive Übungen vorgestellt, mit denen Sie die Kraftleistungsfähigkeit des gesamten Körpers deutlich verbessern können. Die angebotenen Varianten und Übungsintensivierungen ermöglichen es, langfristig effektiv zu trainieren.

Das vierte Kapitel informiert darüber, wie eine Trainingsstunde einzuteilen ist, und stellt wichtige Dehnübungen vor. Danach werden zahlreiche Workouts für das Solotraining aufgelistet, die Sie als Grundlage für Ihr Training nutzen und an Ihre Anforderungen anpassen können.

1.Über das Solotraining

Warum Solotraining?

Solotraining bietet Fitnesssportlern die Möglichkeit, ihren Körper mit Techniken und Kraftübungen aus dem Kampfsport zu trainieren. Außerdem stellt das Auspowern am Sandsack eine gute Möglichkeit dar, den Alltagsstress und -ärger abzubauen.

Aktive Kampfsportler betreiben Solotraining, um die Leistungsfähigkeit in ihrer Kampfsportdisziplin zu verbessern, indem sie ihre Technikdefizite selbstständig trainieren und ihre Kraft gezielt fördern. Außerdem können Selbstverteidigungstechniken im Solotraining geübt werden, die im Kampfsporttraining häufig vernachlässigt werden.

Allgemeine Körperfitness und Stressabbau

Fitnesssportler können Kampfsport-Solotraining machen, um die positiven Effekte für Körperfitness und Wohlbefinden zu erreichen. Training der Kampfsporttechniken an Sandsack und Maisbirne macht Spaß und hilft, vom Alltag abzuschalten. Auch sind die intensiven Kraftübungen eine sinnvolle Alternative, um dem Körper neue Anforderungen zu stellen und somit zu verhindern, dass eine Leistungsstagnation eintritt.

Technikdefizite beseitigen

Kampfsportler machen Solotraining, um Defizite gezielt zu beseitigen, die sie beispielsweise bei Angriffstechniken und Verteidigungs- und Kontertechniken haben.

Nehmen Sie einige wenige Techniken als Schwerpunkt einer Solotrainingseinheit und führen Sie diese immer wieder aus, um sie zu perfektionieren. Sie können beispielsweise das Workout „Thai-Boxer" (S. 101) an Ihre Bedürfnisse anpassen und einzelne Techniken jeweils über eine Runde hinweg wiederholen. Als Variante können Sie mit Musik trainieren und immer dann eine Technik einsetzen, wenn Sie ein bestimmtes Wort, wie beispielsweise „und", in einem Lied hören.

Kraftleistungsfähigkeit verbessern

Kampfsportler, die sich mit anderen Sportlern in Wettkämpfen messen, müssen zusätzliche Trainingseinheiten für die Fitness, insbesondere für die Kraft und die Ausdauer, einplanen. Die Grundlagen des gezielten Fitnesstrainings erläutert das Buch „Fitness für Kampfsportler" (Delp 2005).

Das vorliegende Buch liefert weiterführende Kraftübungen, mit denen Sie den Körper intensiv kräftigen. Es sind vorwiegend komplexe Bodyweight-Übungen ausgewählt, die eine Vielzahl von Muskelgruppen ansprechen, um das Muskelzusammenspiel zu fördern und somit eine größere Kraftfreisetzung bei den Kampfsporttechniken zu erreichen.

Selbstverteidigungstraining

Im Solotraining bietet es sich an, gezielt Selbstverteidigungstechniken zu üben, für die im Vereinstraining oftmals nicht ausreichend Zeit vorhanden ist. Üben Sie Techniken gegen Widerstände, an denen Sie Markierungen für empfindliche Körperstellen mit einem Klebeband angebracht haben. Sie können die im Buch vorgestellten Kampfsporttechniken ebenso wie die reinen Selbstverteidigungstechniken trainieren. Allerdings empfiehlt es sich, für das Selbstverteidigungstraining als Ausgangsstellung die Selbstverteidigungsstellung zu nutzen, da diese nicht die Aggressivität einer Kampfsportstellung suggeriert (siehe S. 23). Zusätzlich sollten Sie den Einsatz von Verteidigungs- und Angriffstechniken in ungünstigen Positionen üben, beispielsweise vom Boden oder von einem Stuhl aus, da der Gegner im Ernstfall überraschend angreifen könnte und Sie sich dann möglicherweise in einer solchen Situationen verteidigen müssten.

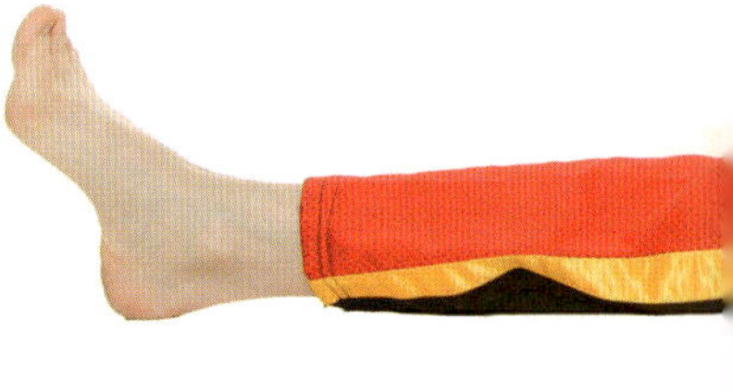

Trainingsplanung

Eine sinnvolle Trainingsplanung ist die Grundvoraussetzung dafür, den Körper erfolgreich zu trainieren und die Leistungsfähigkeit kontinuierlich zu verbessern. Für die effektive Trainingsplanung empfiehlt es sich, in den folgenden fünf Schritten vorzugehen.
Zuerst müssen Sie sich den Ist-Zustand Ihres Körpers bewusst machen (Schritt 1). Verdeutlichen Sie sich Ihre kampfsportspezifische Leistungsfähigkeit ebenso wie Ihren Fitness-Zustand. Notieren Sie, in welchen Bereichen Sie Defizite haben, deren Beseitigung Sie im Solotraining anstreben. Es können beispielsweise einzelne Kampfsporttechniken zu verbessern sein, ebenso können Defizite im Ausdauerbereich und bei der Kraftleistungsfähigkeit einzelner Muskelgruppen bestehen. Aus diesen Informationen leiten Sie Ihre Trainingsziele ab, denn nur mit einer klaren Zielsetzung können Sie effektiv trainieren (Schritt 2). Teilen Sie die Ziele in kurz-, mittel- und langfristige Ziele ein, da das Erreichen eines kurzfristigen Ziels dazu motiviert, das Training fortzuführen. Danach legen Sie einen Trainingszyklus fest, dessen Schwerpunkt auf das Erreichen eines kurzfristigen Ziels ausgelegt ist (Schritt 3). Nach der Trainingsperiode von üblicherweise 6-12 Wochen führen Sie einen Abschlusstest durch und prüfen, ob Sie das Trainingsziel erreicht haben (Schritt 4 und 5). Im Anschluss an einen Trainingszyklus beginnen Sie mit einem neuen Programm, wozu Sie direkt zu Schritt 2 übergehen können vorausgesetzt, Sie haben einen ausführlichen Abschlusstest vollzogen. Zusätzliche Informationen zur Trainingsplanung finden Sie in den Büchern „Fitness für Kampfsportler“ (Delp 2005) und „Das große Fitness-Buch“ (Delp 2006).

2. Trainingsausrüstung

Ausrüstung für das Techniktraining

Für das eigenständige Üben von Kampfsport-Techniken benötigen Sie Sandsackhandschuhe und ein Trainingsgerät, an dem Sie die Techniken ausüben können. Sie können zwar beim Schattenboxen die Techniken in die Luft machen, aber der Körper benötigt auch Trainingsreize an Widerständen wie Sandsack und Maisbirne, um Trainingsfortschritte sicherzustellen. Außerdem macht es auch Spaß, sich am Sandsack auszupowern. Wenn Sie Techniken mit einem Partner üben, ist der Einsatz von Schutzausrüstung notwendig. Im Buch „Kickboxen basics" (Delp 2006) finden Sie Informationen zur einsetzbaren Schutzausrüstung.

Sandsackhandschuhe

Für das Training an Geräten wie Sandsack und Maisbirne werden üblicherweise Sandsackhandschuhe benutzt. Diese sind in akzeptabler Qualität ab ca. EUR 35 im Fachhandel erhältlich. Sie können stattdessen auch Boxhandschuhe verwenden, die im Vergleich jedoch teurer sind, und deshalb von aktiven Sportlern nur für das Partnertraining und den Wettkampf gebraucht werden. Ein weiterer Grund, sich sowohl Sandsackhandschuhe als auch Boxhandschuhe zuzulegen ist, dass im Partnertraining ebenso wie im Wettkampf ausschließlich neuwertige Boxhandschuhe benutzt werden dürfen. Bei dem Einsatz von beschädigten Schützern besteht ansonsten die Gefahr, den Partner beziehungsweise den Gegner zu verletzen.

Sandsack

Ein Sandsack dient dazu, Kraft und Ausdauer in der Technikausführung zu entwickeln. Der Sack wird in fast allen Kampfsportarten zum Üben der Techniken genutzt.

Damit Sie ein Training mit Tritttechniken in allen Höhen ausführen können, benötigen Sie einen Sandsack mit einer Länge von mindestens 1,50 Metern. Dieser Sack sollte einen großen Umfang haben, damit an ihm alle möglichen Faust-, Ellbogen-, Knie- und Tritttechniken ausführbar sind. Außerdem sollte der Sack möglichst schwer sein, damit die Techniken mit großem Krafteinsatz eingesetzt werden können. Große gefüllte Säcke werden im Handel oft mit über 50 kg Gewicht angeboten. Wenn Sie jedoch nicht die Aufhängungsmöglichkeiten für ein derartig schweres Gerät besitzen, bietet sich ein Sack mit der Länge von 1,20 Meter an. An diesem Sack können Sie alle Techniken trainieren, mit Ausnahme der Lowkicks. Es sind aber auch Modelle mit einer Länge von 80 Zentimetern mit geringem Durchmesser und Füllgewicht erhältlich.

Ein spezielles Modell ist die Lowkick-Stange. Hierbei handelt es sich um einen Sandsack, der mindestens 1,50 Meter lang ist, aber geringen Umfang besitzt. Dieses Gerät ist hervorragend für das Training von Lowkicks geeignet. Für zahlreiche andere Techniken ist dieser Sandsack aber nicht vorteilhaft, da die Gefahr des Abrutschens, beispielsweise bei einem geraden Schlag, besteht. Deshalb bietet sich dieses Gerät eher als zusätzlicher Sandsack an.

Sandsäcke werden aus Leder, Baumwolle und Kunstleder angeboten. Wenn Sie über einen Zeitraum von mehreren Jahren trainieren wollen, besorgen Sie sich am besten einen Ledersack. Ein solcher Sack kann viele Jahre lang genutzt werden. Selbst in thailändischen Gyms, in denen diese Säcke im Freien aufgehängt sind, halten die Säcke einige Jahre, bevor sie an Trittstellen brechen. Allerdings sind die Le-

dersandsäcke erheblich teurer als Kunstleder- oder Baumwollsäcke.
Einige Arten von Kunstledersäcken sind schwer zu füllen, da das Material hart ist und nicht nachgibt. Die Baumwollsäcke hingegen haben den Nachteil, dass sie schnell reißen, besonders bei hartem Kicktraining. Die Kunstledersäcke sind strapazierbarer als die Baumwollsäcke, aber ihre Haltbarkeit ist auch nicht mit der von Ledersäcken zu vergleichen.
Achten Sie bei dem Erwerb eines Sandsackes auf dessen Öffnung. Es muss zum Öffnen und Verschließen des Sackes ein stabiler Reißverschluss vorhanden sein, besonders wenn Sie einen ungefüllten Sack kaufen und die Füllung im Laufe Ihres Trainings verändern möchten. Der Reißverschluss sollte am äußeren Rand des oberen Endes verlaufen und nicht durch die Mitte, da sonst Probleme beim Einfüllen des Materials auftreten können. Abzuraten ist von einem Sandsack, der an der Öffnungsstelle eine Verschnürung besitzt. Wenn ein Sack mit Verschnürung mit Holzspänen oder anderem Kleinmaterial gefüllt ist, verlässt bei jeder ausgeführten Technik etwas Füllmasse den Sack und verteilt sich im Trainingsraum.

Besitzen Sie in Ihrem Trainingsraum eine Betondecke, können Sie dort einen dicken Eisenhaken anbringen und den Sandsack am Haken aufhängen. Diese Variante ist die kostengünstigste und stabilste Befestigungsmöglichkeit. In einigen Wohnhäusern besteht zwar die Möglichkeit, im Keller zu trainieren, jedoch kann der Sack nicht an der Decke angebracht werden, da dann die Trainingsgeräusche für die im Erdgeschoss wohnenden Personen zu laut wären. Als Variante zur Deckenaufhängung werden von den Fachhändlern spezielle Befestigungen für die Seitenwand angeboten. Diese Variante bietet sich auch an, wenn die Decke nicht stabil genug ist, um daran einen Sandsack aufzuhängen. Aus einer Steindecke beispielsweise bricht häufig der Haken heraus, wenn daran ein schwerer Sandsack aufgehängt wird.

Üblicherweise ist die Vorrichtung eines Modells zur Seitenbefestigung nur ca. 30 Zentimeter lang. Dies führt dazu, dass der Sack bei der Ausführung einiger Techniken an die Wand stößt, was vor allem bei der Ausführung von Kombinationen stört. Außerdem besteht die Gefahr, sich bei Fußtechniken an der Wand zu verletzen. Bei einigen Modellen ist ein weiterer Kritikpunkt, dass der daran befestigte Haken dünn ist und bei dem Training mit schweren Säcken leicht abbricht. Dieses Problem können Sie jedoch verringern, indem Sie zusätzlich noch eine Sandsackfeder benutzen, welche zwischen Sack und Haken gehängt wird, um die Kraftwirkung der Techniken auf den Haken durch Abfedern zu verringern. Ein Eisenhaken ist ab ca. EUR 10 erhältlich, eine Vorrichtung ab ca. EUR 100 und die Feder ab ca. EUR 10. Achten Sie beim Kauf einer Seitenwandhalterung auf deren Garantiedauer, damit Ihnen der Kaufpreis erstattet wird, falls der Haken abbrechen sollte.

Für Einsteiger bietet sich der Kauf von bereits gefüllten Sandsäcken an. Die einfachsten Modelle in einer Größe von 80 bis 100 Zentimeter sind mit Stoffresten gefüllt und in großen Kaufhäusern zu erhalten. Die Säcke werden ab ca. EUR 60 verkauft und sind damit nur geringfügig teurer als die ungefüllten Modelle. Menschen, die bereits im Kampfsport geübt sind, sollten jedoch einen schwereren Sandsack benutzen, da daran die Schlag-, Stoß- und Trittkräfte besser trainiert werden können. Große gefüllte Säcke aus Kunstleder sind im Fachhandel ab ca. EUR 130 erhältlich.

Wenn Sie mit dem Training Ihren Körper, insbesondere die Schienbeine, abhärten wollen, sollten Sie den Sandsack selbst füllen. Am besten besorgen Sie sich Holzspäne von einem Schreiner und füllen damit den Sack. Zur Füllung werden 2-3 Müllsäcke mit Spänen benötigt, wofür ein Schreiner üblicherweise nicht mehr als EUR 5 pro Sack verlangt. Während der ersten Trainingswochen müssen Sie nach jeder Trainingseinheit Späne nachfüllen, da sich die Späne im Sack absenken. Nach einigen Monaten können Sie dann beginnen, regelmäßig etwas feinen Sand, beispielsweise vom Baggersee, einzufüllen. Durch dieses Vorgehen verhärtet sich der Sack immer mehr und Ihr Körper gewöhnt sich an die Härte. Nach längerer Zeit regelmäßigen Trainings können Sie einen Teil der Holzspäne herausnehmen und den Sack mit noch mehr Sand füllen. An einem komplett mit Sand gefüllten Sack trainieren jedoch nur wenige thailändische Kämpfer, wovon auch abzuraten ist, da bei falscher Technikausführung große Verletzungsgefahr besteht. Eine Alternative zum Füllen mit Holzspänen ist die Nutzung von zerkleinertem Gummimaterial, z. B. von Autoreifen, was jedoch schwierig zu erwerben ist.

A: Kickbox-Weltmeister Martin Albers zeigt den Hookkick an der Maisbirne. Weitere Techniken aus dem Kickboxen finden Sie in „Kickboxen basics“ (Delp 2006).

Maisbirne

Eine Maisbirne ist ein weiteres Gerät, welches für das Kampfsporttraining eingesetzt werden kann. Die Birne wird für das Training von Fausttechniken, Ellbogentechniken und hohen Kicktechniken genutzt.

Am besten kaufen Sie eine bereits gefüllte Birne im Fachhandel. Achten Sie darauf, dass deren Füllung nicht zu weich ist, da ansonsten beim Training Dellen entstehen würden, welche zu Handverletzungen bei Schlagtechniken führen können. Es ist davon abzuraten, eine Birne selbst zu füllen, da das sehr aufwändig ist. Das resultiert daraus, dass im Gegensatz zum Sandsack bei einer Maisbirne Holzspäne und Sand nicht geeignet sind. Der Sand

senkt sich nach unten, was die Birne besonders für Aufwärtshaken zu hart machen würde. Bei einem Sandsack besteht dieses Problem nicht, da die Beine weniger anfällig für Verletzungen sind als die Handknöchel.
Die Maisbirne kann an einem Eisenhaken an der Decke ebenso wie an einer Befestigungsvorrichtung an der Seitenwand aufgehängt werden. Hierfür können die gleichen Produkte wie für die Aufhängung des Sandsackes genutzt werden.
Im Fachhandel werden Maisbirnen aus Kunstleder oder Leder angeboten. Sie wiegen etwa 15 Kilogramm und sind üblicherweise mit zerkleinertem Gummimaterial gefüllt. Gefüllte Birnen aus Kunstleder werden ab ca. EUR 80 verkauft.

Schlagbirnen

Das Training an einer Schlagbirne dient dazu, Timing zur Anwendung eigener Angriffs- und Kontertechniken zu erlernen und das Meiden gegnerischer Techniken zu üben. Die Birnen wiegen jedoch nur ca. ein Kilogramm, so dass daran die Techniken nicht kraftvoll ausgeführt werden können. Aufgrund dessen ist das Training an Schlagbirnen kein Ersatz für das Sandsacktraining, sondern nur als Ergänzung anzusehen.
Schlagbirnen gibt es in unterschiedlichen Ausführungen. Ein Modelltyp wird an einer speziellen Halterung angebracht, die an der Decke oder der Seitenwand befestigt wird. Im internationalen Boxen wird dieser Typ als Speedball bezeichnet. Hieran lassen sich sehr gut koordinative Boxübungen trainieren, ebenso wie hohe Fußtechniken, insbesondere wenn diese gedreht und im Sprung ausgeführt werden. Eine Birne aus Kunstleder kostet ab ca. EUR 30 und eine aus Leder ab ca. EUR 50. Die Halterung, die für dieses Training benötigt wird, ist ab ca. EUR 90 erhältlich.
Ein anderes Modell einer Schlagbirne wird an Wand und Boden befestigt; zwischen Birne und Befestigung befinden sich elastische Bänder. Dieses Modell wird als Punchingball bezeichnet. Es lassen sich daran Kombinationen, Ausweichen und Konter üben. Da sich der Ball nach der Ausführung einer Technik durch die Spannung der Bänder schnell wieder zurückbewegt, können Sie beispielsweise eine Technik ausführen, dann der zurückschnellenden Kugel ausweichen, um die Verteidigung gegen einen gegnerischen Konter zu üben. Dann setzen Sie erneut eine eigene Technik ein und üben somit den Einsatz eines eigenen Konters. Die Kunstleder-Variante kostet ab ca. EUR 40 und die Leder-Variante ab ca. EUR 65.

Trainingsgeräte für das Krafttraining

Für die Kraftübungen in diesem Buch müssen Sie keine teuren Anschaffungen tätigen. Es empfiehlt sich aber der Kauf von Federhandgriff, Sprungseil, Gymnastikball, Stretchband und Therapiekreisel, da mit diesen Geräten hervorragende Trainingsergebnisse erreicht werden. Außerdem ist der Kauf einer Klimmzugstange mit Türrahmenbefestigung empfehlenswert, wenn Sie keine andere Möglichkeit haben, Klimmzüge auszuführen. Mit fortschreitender Trainingsdauer können Sie das Sortiment an Kleingeräten erweitern, um dem Körper neue Trainingsreize zu setzen. Weitere Informationen zu einsetzbaren Trainingsgeräten finden Sie in dem Buch „Bodyweight-Training" (Delp 2007).

Federhandgriffe

Die Federhandgriffe werden eingesetzt, um die Unterarmmuskulatur zu kräftigen. Ein Handgriff wird ab ca. EUR 4 im Fachhandel angeboten. Etwas aufwendiger sind die Digi-Flex-Griffe. Hierbei handelt es sich um Griffe, die es ermöglichen, die Fin-

ger einzeln zu drücken. Digi-Flex gibt es mit unterschiedlichen Widerständen. Sie werden ab ca. EUR 25 im Sanitätsfachhandel angeboten.
Außerdem gibt es spezielle Knetmasse zur Kräftigung der Unterarmmuskulatur. Die Knete wird in unterschiedlichen Härtegraden ab ca. EUR 9 im Fachhandel verkauft.

Gymnastikball
Der Gymnastikball wird bei einigen Übungen genutzt, da mit diesem das Muskelzusammenspiel intensiv gefördert wird. Wenn Sie noch keinen Ball zur Verfügung haben, machen Sie die Übung vorerst ohne dieses Trainingsgerät. Die Gymnastikbälle gibt es in unterschiedlichen Größen, um ein auf die Körpergröße abgestimmtes Training zu ermöglichen. Sie werden ab ca. EUR 15 im Fachhandel angeboten.

Klimmzugstange
Für das Training von Klimmzügen können Sie sich eine Klimmzugstange kaufen. Sie können die Klimmzüge aber auch an einer Treppenstufe ausführen. Die einfachsten Stangen lassen sich im Türrahmen anbringen und sind im Fachhandel ab ca. EUR 20 erhältlich. Es gibt auch weitaus aufwändigere Vorrichtungen mit Wandbefestigung, die für ca. EUR 100, aber auch erheblich teurer angeboten werden.

Sprungseil
Zum Aufwärmen, für das Sprungkrafttraining und für das Ausdauertraining eignet sich der Einsatz eines Sprungseiles. Die einfachsten Modelle sind bereits ab ca. EUR 10 erhältlich. Es gibt auch aufwändigere Modelle, die jeden ausgeführten Sprung mitzählen und erheblich teurer sind.

Stretchband
Stretchbänder sind elastische Bänder, die als Widerstand eingesetzt werden, beispielsweise bei „K 24: Bein heben auf Kreisel“. Die Bänder, z. B. von der Firma Theraband®, gibt es mit verschiedenen Härtegraden, die Sie entsprechend Ihrer Kraftentwicklung einsetzen können. Die Bänder werden in großen Kaufhäusern und im Sanitätsfachhandel ab ca. EUR 7 angeboten.

Therapiekreisel
Therapiekreisel werden zum Stabilitätstraining bei vielen Körpergewichtsübungen eingesetzt, beispielsweise bei „K 23: Einbeinstand auf Kreisel“. Die Kreisel sind im Fachhandel ab ca. EUR 25 erhältlich.

Teil II: Die Fighter-Techniken

Auf den folgenden Seiten lernen Sie Techniken kennen, die häufig in den Kampfsportarten Boxen, Kickboxen und Thaiboxen eingesetzt werden und sich für das eigenständige Training eignen. Üben Sie die Techniken beim Schattenboxen und an Trainingsgeräten wie Sandsack und Maisbirne. Weitere Kampfsporttechniken zur Trainingsergänzung finden Sie in den Büchern „Kickboxen basics" (Delp 2006) und „Thaiboxen basics" (Delp 2005).

Die dargestellten Techniken können Sie auch einsetzen, um sich in Notwehr zu verteidigen. Üben Sie dazu die Fausttechniken auch einige Male am Sandsack ohne Sandsackhandschuhe, um ein Gefühl für das ungeschützte Auftreffen der Faust auf einen Gegenstand zu entwickeln. Übertreiben Sie jedoch das Training ohne Handschutz nicht und riskieren Sie keine Verletzungen. Statt lange und hart zu schlagen, achten Sie auf korrektes Auftreffen der Faust.

Außerdem lernen Sie eine Auswahl von speziellen Selbstverteidigungstechniken kennen, die im Kampfsport aufgrund der Verletzungsgefahr für den Gegner verboten sind. Auch diese Techniken müssen an Gegenständen geübt werden, um sie im Ernstfall wirkungsvoll anbringen zu können.

PUMA

1. Grundlagen zum Techniktraining

Im Solotraining machen Sie Trainingseinheiten mit dem Schwerpunkt „Kampfsport", ebenso wie Trainingseinheiten mit dem Schwerpunkt „Selbstverteidigung". In diesem Abschnitt bekommen Sie wirkungsvolle Techniken für das Solotraining vorgestellt. Wenn Sie im Kampfsportverein zusätzliche Techniken erlernt haben, können Sie diese Techniken im Solotraining ergänzen. Wie Sie die Techniken in Workouts einbinden, erfahren Sie auf den Seiten 99-102.

A: Die Vollkontaktstellung.

Kampfsport

Im Solotraining können Sie die Techniken in der typischen Vollkontaktstellung aus dem Kick- und Thaiboxen trainieren. Wenn Sie in einer anderen Kampfsportdisziplin mit schlagenden und tretenden Techniken geübt sind, können Sie Ihre Kampfstellung auch im Solotraining beibehalten.

In der **Vollkontaktstellung** ist der Stand schulterbreit. Rechtshänder bewegen den linken Fuß etwas nach vorne und drehen den rechten Fuß etwa 45 Grad zur Seite. Umgekehrt gilt dies für Linkshänder. Der Stand ist auf den Fußballen, wobei die hintere Ferse etwas höher angehoben wird als die vordere. Durch den Stand auf den Fußballen können Sie sich schneller bewegen, als wenn Sie auf dem ganzen Fuß stehen. Halten Sie den Körper aufrecht und drehen Sie ihn etwas seitlich vor. Gleichzeitig beugen Sie das Kinn leicht zur Brust. Die vordere Hand halten Sie in Augenbrauenhöhe und die hintere Hand etwas über Kinnhöhe. Die Muskulatur, insbesondere die der Schultern, wird dabei locker gehalten. Richten Sie Ihren Blick auf den Körpermittelpunkt des imaginären Gegners. Fixieren Sie dabei nicht eine Stelle, sondern versuchen Sie, den ganzen Körper im Blick zu haben. So können Sie im Kampf am besten sehen, mit welcher Körperwaffe der Kontrahent als nächstes angreift. In der Nahdistanz heben Sie Ihren Blick auf Kopfhöhe des Gegners, um dessen mögliche Aktionen frühzeitig entdecken zu können.

Selbstverteidigung

Sie sollten regelmäßig Selbstverteidigungseinheiten trainieren, um für einen Ernstfall gewappnet zu sein. Sie können das in der Trainingskleidung, aber auch in Straßenkleidung tun, um sich so realistisch wie möglich vorzubereiten. Zur Selbstverteidigung sollten Sie keine Kampfstellung aus einer Kampfsportart übernehmen, da diese Gewaltbereitschaft signalisiert. In einer solchen Stellung können Sie nicht überraschend agieren und Zeugen sagen vor Gericht möglicherweise gegen Sie aus. Nutzen Sie deshalb die Selbstverteidigungsstellung für den Ernstfall, ebenso wie für das Üben von Selbstverteidigungstechniken im Solotraining.

In der **Selbstverteidigungsstellung** stellen Sie sich etwas seitlich zum Gegner, um den Genitalbereich zu schützen und die Angriffsfläche zu verringern. Das Körpergewicht ist gleichmäßig auf die leicht gebeugten Beine verteilt. Der vordere Fuß zeigt zum Gegner, der hintere Fuß ist etwas nach außen gedreht. Das Kinn ist zur Brust gespannt, um den Kehlkopf zu schützen. Als Rechtshänder halten Sie die linke Hand etwas weiter vorne; als Linkshänder die rechte Hand. Halten Sie die Hände etwa in Gesichtshöhe, wobei die Handflächen zum Gegner weisen. Die Muskulatur ist locker und spannt sich erst bei Verteidigung oder Angriff an, um schnell agieren zu können. Die Stellung vermittelt dem Angreifer, dass Sie keinen Angriff planen, wodurch er sich sicher fühlt. Falls er angreift, können Sie sich auch in dieser Position gut verteidigen.

Wenn Sie im Ernstfall die Angriffstechnik des Gegners nicht frühzeitig erkennen, müssen Sie sich aus einer ungünstigen Position verteidigen. Üben Sie deshalb im Solotraining auch, Techniken so einzusetzen, als würden Sie von der Seite oder von hinten attackiert. Auch müssen Sie das Verteidigen aus sitzender Position oder im Knien trainieren. Je mehr verschiedene Verteidigungsszenarien Sie in das Training einbauen, desto besser sind Sie auf eine Selbstverteidigungssituation vorbereitet. Testen Sie, welche der Techniken Sie wirkungsvoll einsetzen können, wenn Sie nicht aus einem stabilen und vorteilhaften Stand agieren.

A: Die Selbstverteidigungsstellung.

Trefferziele

Im Kampfsport sind die Trefferziele von der Kampfsportdisziplin und von der Organisation abhängig, die den Wettbewerb veranstaltet. Üblicherweise ist im Vollkontakt-Kickboxen mit Lowkicks und im Muay Thai festgelegt: Der Kopf darf von oben, vorne und seitlich und der Oberkörper darf von vorne und seitlich attackiert werden. Auch die Oberschenkel und Unterschenkel dürfen attackiert werden, ebenso wie die Füße zum Fegen. Verboten sind Techniken zu Hinterkopf, Augen, Genick, Kehlkopf, Genitalien, Rücken und Gelenken. Besonders wirkungsvolle Trefferziele im Vollkontakt-Kampfsport sind Schläfe, seitliche Mitte des Unterkiefers, Kinnspitze, Solarplexus, untere Rippen, Magen und äußere Oberschenkel. Weitere Informationen zu Trefferwirkungen liefert das Buch „Kickboxen basics“ (Delp 2006).

Zur Selbstverteidigung dürfen Sie die empfindlichen Körperstellen attackieren, die der Bedrohung angemessen sind. Attackieren Sie den Gegner an seinen Schwachstellen, allerdings dürfen Sie Augen und Hals nur in Lebensgefahr attackieren. Im Unterschied zum Vollkontaktkampfsport haben Sie keine Boxhandschuhe, deshalb besteht bei Faustschlägen zu den harten Kopfknochen die Gefahr, sich selbst an der Hand zu verletzen. Zum Kopf sind deshalb Handballen- und Ellbogenstöße vorzuziehen. Markieren Sie am Sandsack mit Tapes die empfindlichen Trefferziele. Auch wenn der Gegner im Wettkampf oder im Ernstfall nicht in der gleichen Größe agieren sollte, üben Sie durch das Angreifen der markierten Stellen, empfindliche Körperstellen präzise zu treffen.

2. Faust- und Ellbogentechniken

2.1 Die Gerade (Punch)

Den geraden Fauststoß können Sie zu Nase, Kinn und Augen des Gegners einsetzen. Auch der Magen und der Solarplexus sind wirkungsvolle Trefferziele für eine kraftvolle hintere Gerade.

Durchführung
Aus der Kampfsstellung schlagen Sie eine Faust in gerader Linie zum Gegner, wobei Sie den Ellbogen möglichst lange unten halten, da ansonsten der Gegner die Technik frühzeitig erkennt. Die andere Faust halten Sie als Schutz vor gegnerischen Techniken etwas über Ihrem Kiefer. Während des Schlags wird die Hüfte eingedreht und das Gewicht nach vorne verlagert, um die Technik kraftvoll auszuführen. Kurz vor dem Treffen des Ziels drehen Sie die Faust so, dass die Handfläche nach unten zeigt. Vermeiden Sie es, den Schlag zu schieben, führen Sie ihn stattdessen explosiv aus. Anschließend bewegen Sie die Faust schnell in die Ausgangsposition zurück.
Die vordere Gerade wird im Vollkontaktkampfsport eingesetzt, um den Gegner in seinen Aktionen zu stören und um eigene kraftvolle Techniken vorzubereiten.

A: Die vordere Gerade.

B: Die hintere Gerade.

2.2 Der Seithaken (Hook)

Der Seithaken wird zu Kiefer und Schläfen ausgeführt. Von einem kraftvollen Treffer wird der Gegner benommen oder sogar bewusstlos. Auch zu den unteren Rippen und zur Leber kann diese Technik wirkungsvoll eingesetzt werden.

Durchführung
Aus der Kampfstellung heben Sie eine Faust seitlich an, damit sich der Arm dieser Seite fast parallel zum Boden befindet. Gleichzeitig verlagern Sie Ihr Gewicht auf das Bein der ausführenden Körperseite und lehnen den Oberkörper etwas zu dieser Seite. Die andere Faust wird über dem Kiefer gehalten, um mögliche gegnerische Techniken zu blocken.
Führen Sie nun eine seitliche Schlagbewegung aus, wobei Sie den Körper und die Hüfte in Schlagrichtung mitdrehen und das Körpergewicht in die gleiche Richtung verlagern. Anschließend führen Sie die Faust schnell in die Ausgangsposition zurück.
Der Seithaken kann mit der vorderen Faust oder der hinteren Faust kraftvoll ausgeführt werden.

A: Der vordere Seithaken.

B: Der hintere Seithaken.

2.3 Der Aufwärtshaken (Uppercut)

Der Aufwärtshaken zum Kinn ist relativ schwierig im Kampf anzubringen und deshalb im Ring selten zu sehen. Gelingt es jedoch, hart zu treffen, kann so ein Knockout des Gegners erreicht werden. In der Nahdistanz wird die Technik oft zum Körper eingesetzt, vor allem zu Rippen und Solarplexus.

Durchführung
Sie befinden sich in der Kampfstellung. Lassen Sie einen Unterarm nach unten fallen und drehen Sie dabei die Faust so, dass sich Unterarm und Oberarm fast im rechten Winkel befinden. Dabei verlagern Sie Ihr Gewicht auf das Bein der ausführenden Seite und beugen beide Beine etwas. Die andere Faust wird als Schutz vor gegnerischen Techniken über dem Kiefer gehalten.
Dann schlagen Sie die Faust ruckartig nach oben, wobei Sie die Beine strecken, Körper und Hüfte mitdrehen und das Körpergewicht nach vorne verlagern. Achten Sie darauf, dass Sie mit den Knöcheln das Ziel treffen, und darauf, dass Sie den Schlag nach oben durchziehen und nicht in der Bewegung stoppen. Anschließend führen Sie die Schlaghand schnell in die Ausgangsposition zurück.
Der Seithaken kann mit der vorderen Faust oder der hinteren Faust kraftvoll ausgeführt werden. Am Sandsack können Sie den Aufwärtshaken zum Kopf nur andeuten. Die Technik lässt sich optimal an einer Maisbirne trainieren.

A: Der vordere Aufwärtshaken an der Maisbirne.

B: Der hintere Aufwärtshaken an der Maisbirne.

2.4 Der Seitellbogen (Side Elbow)

Der Seitellbogen wird meistens zur Mitte des Kiefers ausgeführt. Auch die Schläfen, das Nasenbein und der Solarplexus sind wirkungsvolle Ziele, die jedoch mit dieser Ellbogentechnik schwieriger zu treffen sind.

Durchführung

Sie befinden sich in der Kampfstellung. Heben Sie einen Arm auf Schulterhöhe an. Die Faust des anderen Armes wird als Schutz vor gegnerischen Techniken über dem Kiefer gehalten. Das Körpergewicht ist gleichmäßig auf beide Beine verteilt.

Dann schlagen Sie den Arm horizontal zur anderen Seite, wobei Sie den Fuß der ausführenden Seite, die Hüfte und den Oberkörper mitdrehen und Ihr Gewicht nach vorne verlagern. Getroffen wird mit dem Ellbogenknöchel. Führen Sie die Technik so aus, dass Sie bei Verfehlen des Ziels den Ellbogen durchschlagen. Dazu wird die Faust des schlagenden Armes außen an dem zur Deckung angehobenen Arm vorbeibewegt. Anschließend nehmen Sie schnell wieder die Kampfstellung ein.

Der Seitellbogen kann mit dem vorderen oder dem hinteren Ellbogen ausgeführt werden.

A: Der vordere Seitellbogen.

B: Der hintere Seitellbogen.

2.5 Der Aufwärtsellbogen (Uppercut Elbow)

Die Technik wird üblicherweise zum Kinn ausgeführt, ist aber auch zum Solarplexus möglich. Außerdem kann zur Nase gestoßen werden, wenn Sie bei der Bewegung etwas nach vorne statt direkt von unten nach oben stoßen (siehe Bild A).

Durchführung

Aus der Kampfstellung bewegen Sie einen Arm mit dem Ellbogen voran etwas nach unten. Dabei verlagern Sie Ihr Gewicht auf das Bein der ausführenden Seite und beugen das Bein etwas. Die Faust des anderen Armes wird als Schutz vor gegnerischen Techniken über dem Kiefer gehalten. Das Körpergewicht ist gleichmäßig auf beide Beine verteilt.

Schlagen Sie nun mit dem Ellbogenknöchel zum Ziel, wobei Sie die Hand am Ohr vorbei zur Schulter bewegen. Dabei strecken Sie das Bein und den Oberkörper und drehen die Hüfte ein. Gleichzeitig wird das Gewicht nach vorne verlagert. Achten Sie darauf, dass Sie den Schlag nach oben durchziehen und nicht in der Aufwärtsbewegung stoppen. Anschließend nehmen Sie schnell wieder die Kampfstellung ein.

Der Aufwärtsellbogen kann mit dem vorderem oder dem hinteren Ellbogen ausgeführt werden. Die Technik kann am Sandsack nur angedeutet werden. Sie lässt sich aber optimal an einer Maisbirne trainieren.

A: Der vordere Aufwärtsellbogen.

B: Der hintere Aufwärtsellbogen.

Der Aufwärtsellbogen am Gegner.

3. Beintechniken

3.1 Der Halbkreistritt (Round Kick)

Der Halbkreistritt wird üblicherweise zu unteren Rippen, Kiefer, Schläfen und Oberschenkeln ausgeführt. Der Tritt ist aber auch auf die Oberarmmuskulatur möglich, damit der Gegner seinen Arm im Kampfverlauf nicht mehr einsetzen kann.

Durchführung

Aus der Kampfstellung treten Sie im halbkreisförmigen Bogen zum Ziel. Dabei steht das Standbein auf dem Fußballen und dreht sich nach außen mit. Die Technik trifft, sobald die oberste Stelle des halbkreisförmigen Bogens überschritten ist, also leicht von oben nach unten. Führen Sie den Kick so aus, als würden Sie einen Gegenstand durchtreten, und setzen Sie die Hüfte und das Körpergewicht voll ein. Im Moment des Treffens wird das tretende Bein gestreckt, um die optimale Kickhärte zu erreichen. Getroffen wird mit dem Schienbein. Anschließend bewegen Sie das Bein schnell in die Kampfstellung zurück.

In den Kampfsportdisziplinen gibt es unterschiedliche Varianten, den Halbkreistritt auszuführen. Die hier vorgestellte Variante stammt aus dem Muay Thai, da diese die größte Tritthärte ermöglicht. Hingegen wird im Kickboxen üblicherweise zuerst das Knie angezogen und dann der Unterschenkel in einer Schnappbewegung zum Gegner getreten (siehe „Kickboxen basics“ S. 71-73, Delp 2006).

Der Halbkreiskick kann mit dem vorderen oder dem hinteren Bein ausgeführt werden.

A: Der vordere Halbkreistritt.

B: Der hintere Halbkreistritt.

3.2 Der Vorwärtstritt (Frontkick)

Der Kick wird üblicherweise zum Magen ausgeführt. Er ist aber auch zu Solarplexus, Brustkorb, Kinn, Gesicht und Knie möglich. In der Selbstverteidigung kann er auch zum Genitalbereich ausgeführt werden.

Durchführung

Sie befinden sich in der Kampfstellung. Ziehen Sie ein Knie zum Oberkörper und richten Sie den Fuß zum Ziel. Wenn Sie die Technik mit dem hinteren Bein ausführen, drehen Sie zusätzlich die hintere Oberkörperseite vor. Die Deckung bleibt angehoben, um gegnerische Techniken abwehren zu können.

Dann treten Sie mit Hüfteinsatz gerade zum Gegner. Dabei drehen Sie das Standbein nach außen und lehnen den Oberkörper etwas zurück. Getroffen wird mit dem Fußballen, der Ferse oder dem ganzen Fuß. Anschließend ziehen Sie das Knie schnell wieder zum Oberkörper bevor Sie das Bein abstellen.

Üblicherweise wird für die Technik mit dem Fußballen das vordere Bein eingesetzt, da so schnell getreten werden kann, um den Gegner bei einer Technik zu stoppen. Grundsätzlich können Sie aber jede Variante des Frontkicks mit vorderem und hinterem Bein ausführen.

A: Der vordere Vorwärtstritt in Körperhöhe.

B: Der hintere Vorwärtstritt in Kopfhöhe.

3.3 Der Seittritt (Sidekick)

Der Seittritt wird üblicherweise zum Magen ausgeführt, ist aber auch zu Solarplexus, Kinn und Nase möglich. Zur Selbstverteidigung können Sie auch zum Kniegelenk treten.

Durchführung

Aus der Kampfstellung ziehen Sie ein Knie so hoch wie möglich zur gegenüberliegenden Schulter und richten dabei die Ferse zum Ziel. Gleichzeitig drehen Sie das Standbein etwas nach hinten. Wenn Sie die Technik mit dem hinteren Bein ausführen, drehen Sie zusätzlich die hintere Oberkörperseite vor. Die Deckung bleibt angehoben, um gegnerische Techniken abwehren zu können.

Treten Sie nun das Bein mit Hüfteinsatz zum Gegner. Dabei drehen Sie das Standbein weit nach hinten und lehnen den Oberkörper zurück. Getroffen wird mit der Ferse oder der Fußaußenkante. Im Moment des Treffens befindet sich die Ferse etwas höher als die Fußzehen. Anschließend ziehen Sie erst das Knie zur Schulter zurück, bevor Sie das Bein abstellen. Achten Sie darauf, dass Sie die Deckung nicht vernachlässigen.

Zahlreiche professionelle Muay-Thai-Sportler drehen das Standbein nicht vollständig nach hinten, um bei Misslingen der Technik dem Gegner keine Möglichkeit zu bieten, mit einem kraftvollen Angriff zur Kniekehle ein vorzeitiges Kampfende zu erreichen. Sportler aus dem Kick-Boxen, Karate und Taekwondo drehen das Standbein hingegen ganz nach hinten, um die größtmögliche Tritthärte zu erreichen. Testen Sie, welche Ausführungsvariante Ihnen am besten gelingt.

Der Seittritt kann mit dem vorderen oder dem hinteren Bein ausgeführt werden.

A: Der vordere Seittritt in Körperhöhe.

B: Der hintere Seittritt in Kopfhöhe.

3.4 Der Rückwärtskick (Backkick)

Der Backkick wird üblicherweise zu Magen oder Solarplexus eingesetzt. Sie können die Technik aber auch zum Kopf treten.

Durchführung

Sie befinden sich in der Kampfstellung. Stellen Sie das vordere Bein seitlich nach innen ab und verlagern Sie Ihr Gewicht darauf. Drehen Sie sich nun mit dem Rücken zum Gegner. Dabei können Sie etwas vom Boden abspringen. Gleichzeitig ziehen Sie das hintere Knie an. Aus der Linksauslage drehen Sie sich im Uhrzeigersinn. Befinden Sie sich hingegen in der Rechtsauslage, müssen Sie entgegen dem Uhrzeigersinn rotieren.

Dann treten Sie das angehobene Bein mit Hüfteinsatz zum Gegner. Einige Sportler schauen nach Drehung zuerst auf den Gegner; andere treten instinktiv. Getroffen wird mit der Ferse oder dem ganzen Fuß. Anschließend nehmen Sie schnell wieder die Kampfstellung ein.

Die Technik wird üblicherweise mit dem hinteren Bein ausgeführt; sie ist aber auch mit dem vorderen Bein möglich, beispielsweise wenn sich der Gegner zurückbewegt.

A: Der hintere Rückwärtstritt in Kopfhöhe.

B: Der hintere Rückwärtstritt im Sprung.

3.5 Der Gerade Kniestoß (Straight Knee)

Der gerade Kniestoß kann zu Magen oder Solarplexus eingesetzt werden. Sie können die Technik auch zu Kinn oder Nasenbein ausführen, wenn sich der Gegner bückt oder Sie die Technik im Sprung ausführen. In einer lebensbedrohlichen Situation kann auch in den Genitalbereich gestoßen werden, wenn der Gegner breitbeinig steht.

Durchführung

Sie befinden sich in der Kampfstellung. Stoßen Sie das hintere Knie in direkter Linie zum Gegner, wobei Sie die Ferse des Standbeines anheben und das Standbein nach außen drehen. Beim Treffen des Ziels schieben Sie die Hüfte nach vorne und lehnen dazu den Oberkörper etwas zurück. Durch den Stand auf dem Fußballen, dem gestreckten Standbein und Hüfteinsatz wird das Knie soweit wie möglich zum Gegner bewegt. Achten Sie bei der Ausführung der Technik darauf, dass Sie die Deckung nicht vernachlässigen.

Um die Technik mit dem vorderen Bein kraftvoll auszuführen, stellen Sie dieses aus der Kampfstellung zuerst nach hinten ab und stoßen es dann sofort aus dieser Position. Wenn sich der Gegner von Ihnen wegbewegt, können Sie stattdessen die Auslage wechseln, indem Sie das hintere Bein nach vorne stellen, und dann von hinten mit dem anderen Bein stoßen.

In naher Distanz können Sie den Gegner auch am Hals greifen und dann Kniestöße von vorne oder von der Seite ausführen.

A: Der hintere Kniestoß aus der Distanz.

B: Der hintere Kniestoß mit Greifen.

4. Reine Selbstverteidigungstechniken

Beachten Sie bei den Selbstverteidigungstechniken, dass diese nur im Ernstfall eingesetzt werden dürfen. Sie müssen den Gegner an seinen verwundbaren Punkten attackieren, dabei aber angemessen vorgehen. In Schlägereien sind Ziele am Körper zu empfehlen, durch deren Treffen der Gegner kurzzeitig außer Gefecht gesetzt wird. Augen, Hals, Ohren und Genitalien dürfen hingegen nur angegriffen werden, wenn der Kampf lebensbedrohlich ist. Dann aber werden mit aller Härte die Körperstellen attackiert, die am wahrscheinlichsten den Gegner kampfunfähig machen. Nähere Informationen zur Selbstverteidigung finden Sie in dem Buch „Selbstverteidigung verständlich gemacht“ (Delp 2005).

4.1 Der beidseitige Ohrenschlag

Diese Technik bietet sich an, wenn der Gegner von vorne klammert. Durch den Schlag auf die Ohren taumelt er kurz und Sie können sich befreien. Der Gegner kann dabei ernsthaft verletzt werden, weshalb die Technik nicht leichtfertig eingesetzt werden darf.

Durchführung
Schlagen Sie mit beiden Händen gleichzeitig von außen kraftvoll auf die Ohren des Gegners. Halten Sie dabei die Hände leicht gewölbt und die Arme etwas gebeugt. Der Hohlraum in den Händen und das gleichzeitige Treffen der Ohren sind für den Erfolg der Technik ausschlaggebend.
Es ist nicht notwendig, mit sehr großer Härte zu treffen, um ein Balanceverlust des Gegners zu erreichen. Allerdings darf der Schlag auch nicht mit zu wenig Härte erfolgen, da er ansonsten wirkungslos ist.

A: Der beidseitige Ohrenschlag.

B: Der beidseitige Ohrenschlag am Gegner.

4.2 Der Handballenstoß

Die Technik wird üblicherweise zum Kinn des Gegners eingesetzt und so dessen Kopf nach hinten weggestoßen. In einer lebensbedrohlichen Situation können Sie sofort danach mit den Fingern in den Augen kratzen. Der Handballenstoß ist auch zu Nase, Solarplexus und Genitalien möglich.

Durchführung

Schlagen Sie mit der hinteren Hand in direkter Linie zum Ziel. Die vordere Hand wird als Schutz vor einer gegnerischen Technik über dem Kiefer gehalten. Während des Schlags drehen Sie die Hüfte ein und verlagern das Gewicht zum Gegner hin. Beim Treffen des Ziels spannen Sie das Handgelenk an. Die Technik wird mit dem unteren Bereich der Handfläche ausgeführt, da sonst das Risiko besteht, sich am Handgelenk zu verletzen.

Die Technik wird üblicherweise mit der hinteren Hand ausgeführt, da ein kraftvoller Schlag zur Selbstverteidigung notwendig ist. Sie ist aber auch mit der vorderen Hand möglich.

A: Der hintere Handballenstoß.

B: Der hintere Handballenstoß am Gegner.

4.3 der Handkantenschlag

Der Schlag mit der Handkante kann seitlich zum Hals oder von oben nach unten auf das Schlüsselbein ausgeführt werden. Sie können auch von unten nach oben zum Genitalbereich schlagen, wenn Sie sich im seitlichen Würgegriff (Schwitzkasten) befinden.

Durchführung

Ziehen Sie zuerst Sie die Hand etwas in Richtung der gegenüberliegenden Schulter. Dann schlagen Sie mit der Handaußenkante zum Ziel. Die Finger sind aneinandergelegt und der Daumen seitlich an die Hand angelegt, um die Hand zu fixieren. Der Arm ist bei der Bewegung locker und wird erst im Moment des Auftreffens angespannt.

Die Technik zum Schlüsselbein wird üblicherweise mit der hinteren Hand ausgeführt, da ein kraftvoller Schlag notwendig ist. Hals und Genitalien können kann auch mit der vorderen Hand attackiert werden.

In einer lebensbedrohlichen Situation können Sie den Gegner fortlaufend mit Schlägen mit der äußeren und inneren Handkante attackieren, bis er kampfunfähig ist. Dieses Vorgehen gelingt auch in Bodenlage.

A: Die Technik mit der äußeren Handkante.

B: Die Technik mit der inneren Handkante in Bodenlage.

4.4 Der Fingerknöchelschlag

Der Fingerknöchelschlag ist besonders wirkungsvoll zum Hals des Gegners, wohin er aber nur in einer lebensbedrohlichen Situation eingesetzt werden darf. Dann kann die Technik auch zum Brustbeinansatz ausgeführt werden. In einer Schlägerei bietet sich der Schlag zum Bizepsansatz an.

Durchführung

Schlagen Sie mit den Knöcheln der zweiten Fingerreihe zum Ziel. Die Finger sind angezogen und der Daumen ist angelegt, um die Position zu stabilisieren. Die Technik kann seitlich ausgeführt werden, wobei die Bewegung wie beim Seithaken erfolgt. Es ist aber auch möglich, gerade nach vorne zu schlagen.

Sie können die Technik mit der vorderen oder der hinteren Hand ausführen. Im Ernstfall ist am Hals kein kraftvolles Schlagen, sondern schnelles und genaues Treffen entscheidend.

Üben Sie die Technik am Sandsack nicht mit voller Härte, um sich nicht zu verletzen.

A: Der Fingerknöchelschlag am Sandsack.

B: Der Fingerknöchelschlag am Gegner.

4.5 Die Fingerkralle

Die Technik wird zu den Augen ausgeführt, darf aber nur in Lebensgefahr angewendet werden, da die Gefahr besteht, den Gegner dauerhaft schwer zu verletzen.

Durchführung
Ziehen Sie die Fingerkuppen an und richten sie zum Gegner. Die Hand ist geöffnet und die Handfläche zeigt nach vorne. Stechen Sie die Finger in gerader Linie zu den Augen des Gegners und kratzen Sie nach dem Stich die Fingernägel in den Augen entlang. Durch die Ausführung mit vier Fingern ist gewährleistet, dass Sie mindestens ein Auge treffen und verletzen.
Sie können die Technik mit der vorderen oder der hinteren Hand ausführen, da nicht die kraftvolle Anwendung, sondern schnelles Treffen entscheidend ist.
Markieren Sie an Maisbirne, Punchingball, Sandsack oder Wand ein Ziel mit Tapes oder Kreide. Stechen Sie schnell, jedoch nicht hart zum Ziel, um sich nicht zu verletzen.

A: Die Fingerkralle.

B: Die Fingerkralle am Gegner.

A: Der Kniegelenkstritt mit nach innen gedrehtem Fuß.

4.6 Der Kniegelenkstritt

Die Technik wird zum Kniegelenk des Gegners ausgeführt. Mit einer harten Schuhsohle kann aber auch Wirkung am Schienbein erzielt werden.

Durchführung
Ziehen Sie das Knie etwas an und treten Sie dann das Bein mit Hüfteinsatz zum Ziel. Getroffen wird mit der Fußsohle oder der Fußaußenkante, wobei Sie den Fuß seitlich entweder nach innen oder nach außen gedreht halten. Bei gerader Fußhaltung besteht hingegen das Risiko, das Ziel zu verfehlen oder daran abzurutschen. Anschließend bewegen Sie das Bein schnell wieder in die Ausgangsposition zurück.
Die Technik wird üblicherweise mit dem hinteren Fuß ausgeführt, da mit diesem kraftvoll getreten werden kann. Sie ist aber auch mit dem vorderen Fuß möglich.
Sie können die Technik an einem langen Sandsack mit vollem Krafteinsatz trainieren. An einer Wand können Sie Tritttechnik, Timing und Distanzgefühl üben.

B: Der Kniegelenkstritt mit nach außen gedrehtem Fuß.

4.7 Der Genitaltritt

Tritte zum Genitalbereich führen bei Männer und Frauen zu Schmerzen. Diese Tritte verfehlen aber oft das Ziel, es sei denn der Gegner steht breitbeinig dar. Die Techniken dürfen nur in Lebensgefahr, wozu auch eine Vergewaltigungssituation gehört, eingesetzt werden, da die Gefahr besteht, den Gegner dauerhaft zu verletzen.

Durchführung
Treten Sie gerade von unten nach oben zum Ziel und setzen Sie dabei die Hüfte ein. Wenn Sie die Technik mit dem hinteren Bein ausführen, drehen Sie zusätzlich die hintere Oberkörperseite vor. Getroffen wird mit dem unteren Schienbein oder dem Fußspann. Achten Sie darauf, dass Sie die zur Deckung angehobenen Hände nicht fallen lassen.
Die Technik kann mit dem vorderem oder dem hinterem Fuß eingesetzt werden. Dabei ist es ist nicht notwendig, den Tritt mit größtmöglicher Härte auszuführen. Vielmehr ist für den Erfolg der Technik entscheidend, schnell und überraschend zu treten.
Wenn der Gegner einen Halbkreistritt ausführt, können Sie mit dem gegenüberliegenden Bein in seinen dann ungeschützten Genitalbereich treten.

A: Der Genitaltritt am Sandsack.

B: Der Genitaltritt eingesetzt gegen einen Halbkreistritt.

Teil III: Der Fighter-Body

Krafttraining ist eine wichtige Trainingskomponente für Kampfsportler, um ihre Leistungsfähigkeit zu verbessern. Mit Krafttraining vergrößern Sie die Schlag-, Stoß-, Wurf- und Trittkraft und können gegnerische Techniken besser verarbeiten. Auf den folgenden Seiten lernen Sie wirkungsvolle Übungen zur Kräftigung des Körpers kennen, die sich besonders für Kampfsportler eignen. Einige der Übungen sind sehr anspruchsvoll und müssen deshalb vorsichtig erlernt werden. Ansonsten besteht die Gefahr, sich zu verletzen. Machen Sie schwierige Übungen, wie z. B. „K 28: Einbeinige Kniebeuge mit vorzeigendem Bein" und „K 5: Handstand-Liegestütz", zuerst mit kleinem Bewegungsumfang und erweitern Sie diesen mit fortschreitender Trainingserfahrung. Ebenso müssen Übungen mit Therapiekreisel und Gymnastikball vorsichtig erlernt werden. Gelingt es Ihnen nicht, eine Übung wie in der Beschreibung auszuführen, greifen Sie vorerst auf eine andere Übung für die gleiche Muskelgruppe zurück. Testen Sie die schwierige Übung nach einigen Trainingswochen erneut, denn umso mehr der dargestellten Übungen Sie in das Training integrieren können, desto besser werden Sie Ihre Kraftleistungsfähigkeit entwickeln. Weitere Übungen zur Kräftigung des Körpers finden Sie in den Büchern „Fitness für Kampfsportler" (Delp 2005), „Das große Fitness-Buch" (Delp 2006) und „Bodyweight-Training" (Delp 2007).

TOP TEN
FIGHT
TOPTEN

1. Trainingsgrundlagen

Trainingsreize

Im Krafttraining müssen Sie dem Körper Trainingsreize setzen, um kontinuierlich Leistungsverbesserungen zu erreichen. Unser Körper reagiert auf körperliche Belastung mit Anpassungsvorgängen. Wenn Sie im Training eine größere Leistung vollbringen als in der vorherigen Trainingseinheit, stellt der Organismus nach einer Regenerationsphase ein größeres Leistungsniveau her. Dieser Vorgang, der zur Verbesserung des Ausgangsniveaus führt, wird **Superkompensation** genannt.
Die Reizsetzung bezieht sich auf die Trainingstagesleistung. Üblicherweise wird nur eine Krafttrainingseinheit am Tag ausgeführt. Kurze Workouts können aber auch mehrfach täglich gemacht werden.
Entscheidend für die Anpassungsvorgänge und die Leistungsverbesserungen ist, mit welcher Intensität und nach welcher Methode der Körper gefordert wird. Außerdem sind die Regenerationsgestaltung und eine gesunde und ausgewogene Ernährung wichtige Faktoren für ein erfolgreiches Krafttraining.

Trainingshäufigkeit

Nur durch **regelmäßiges Training** können Sie die Körperformen deutlich verändern und die Muskulatur kräftigen. Einmal wöchentliches Krafttraining gilt als Maßstab zum Krafterhalt. Zur Leistungsverbesserung muss hingegen jede Muskelgruppe mindestens zweimal pro Woche trainiert werden. Wenn Sie ein Ganzkörper-Workout nutzen, können Sie dieses Workout an zwei bis drei Tagen pro Woche ausführen. Splitt-Programme ermöglichen, dass Sie Ihre Muskulatur noch häufiger trainieren. Es empfiehlt sich aber, an zumindest einem Tag pro Woche vollständig zu pausieren, damit sich der gesamte Körper regenerieren kann.
Pausieren Sie hingegen für längere Zeit, baut sich die Muskulatur langsam wieder ab. Versuchen Sie deshalb auch in Phasen, in denen Ihnen wenig Zeit zur Verfügung steht, jede Muskelgruppe mindestens einmal pro Woche zu trainieren. Wenn Sie allerdings krank sind, müssen Sie auf das Training verzichten, da ansonsten der Heilungsprozess gefährdet wird.

Regenerationsphase

Wie lange der Körper zur Regeneration und Anpassung benötigt, hängt von der Reizintensität, dem Trainingszustand und der ausgeführten Trainingsmethode ab. Durch eine sinnvolle Regenerationsgestaltung, z. B. Auslaufen, Massagen und ausreichend Schlaf, lässt sich die Erholungsdauer beschleunigen.
Ein **optimaler Trainingseffekt** wird erreicht, wenn die Pause zwischen zwei Trainingseinheiten richtig gesetzt ist. Wird dem Körper nicht genug Zeit zur Regeneration gewährt, kann dies zu einem Zustand von Übertraining führen, was eine Verschlechterung des Leistungsniveaus zur Folge hat. Wird eine zu lange Pause zwischen zwei Trainingseinheiten gelassen, baut der Körper seine Leistungsfähigkeit wieder ab, und eine Verbesserung des Leistungsniveaus ist nicht mehr möglich.
Es wirken viele Komponenten auf die Dauer der Regenerationsphase ein, weshalb sich diese nicht exakt bestimmen lässt. Normalerweise wird als **Regenerationszeit** etwa 24-48 Stunden angegeben. Ziel eines Sportlers muss es aber sein, seinen Körper immer besser kennen zu lernen, um so die Trainingsplanung optimal gestalten zu können.
Achten Sie auf Ihren Körper. Wenn Sie sich kräftig und leistungsbereit fühlen, können Sie Krafttraining machen. Fühlen Sie sich

hingegen schwach und müde, trainieren Sie besser andere Muskelgruppen oder setzen mit einer Trainingseinheit aus. Ein erstes Zeichen für **Übertraining** ist, dass Sie sich kraftlos fühlen. Ebenso typisch für Übertraining sind schlechter Schlaf, Schwitzen und eine leichte Temperaturerhöhung. Wenn Sie jedoch dauerhaft Ihren Körper überfordern, kann das dazu führen, dass sich Ihre Leistungsfähigkeit verringert und Sie verletzungs- und infektanfällig werden. Dann benötigen Sie eine längere Regenerationspause. Ein solcher Zustand tritt aber nicht bei Fitnesseinsteigern auf, sondern eher bei Leistungssportlern und auch dort eher selten.

Auswahl der Übungen und des Programms

Sie bekommen in diesem Buch Übungen vorgestellt, mit denen Sie alle Muskelgruppen des Körpers trainieren können. Nutzen Sie nur solche **Übungsvarianten,** die Sie technisch korrekt ausführen können und mit denen Sie die beabsichtige Trainingsintensität erreichen.

Es werden einige sehr **intensive Trainingsvariationen** beschrieben. Nutzen Sie Intensivierungen nur, wenn Sie die Grundübung mindestens einige Wochen technisch perfekt ausgeführt haben. Je länger Sie die Übungen machen, desto mehr werden Sie auf Intensivierungen zurückgreifen und auch neue Übungen nutzen, die Sie sich selbst ausdenken oder von denen Sie erzählt bekommen. Seien Sie aber bei deren Ausführung vorsichtig: Je extremer die Übungen werden, desto mehr sind sie mit Überlastungs- und Verletzungsrisiko verbunden, wie beispielsweise Handstandliegestütze auf beweglichem Untergrund.

In diesem Buch werden **kurze Workouts** vorgestellt, damit Sie mehrfach wöchentlich Ihre Kraft trainieren können. Beachten Sie dabei, dass Sie das gleiche Workout nicht an zwei Tagen hintereinander ausführen sollten und jede Muskelgruppe mindestens einmal wöchentlich intensiv kräftigen müssen.

Wenn Sie es hingegen bevorzugen, **zeitintensive Workouts** eher weniger oft pro Woche auszuführen, empfiehlt sich ein Ganzkörper-Programm. Absolvieren Sie dieses Programm zwei- bis dreimal pro Woche, damit ein Kraftzuwachs sichergestellt ist, und pausieren Sie zwischen jeder Krafttrainingseinheit mindestens einen Tag.

Übungsintensität und Anzahl der Wiederholungen

Trainingseinsteiger führen die Übungen mit geringer Belastung aus. Wählen Sie die Intensitäten eher zu niedrig als zu hoch. Die Muskulatur gewöhnt sich schneller an neue Anforderungen als die Sehnen und Bänder. Deshalb muss der Körper langsam auf eine Übungsintensivierung vorbereitet werden. Erhöhen Sie zuerst die Wiederholungszahlen, bevor Sie die Belastungen steigern. Wenn die Beanspruchung zu schnell vergrößert wird, besteht die Gefahr, dass der Körper Schaden nimmt.

Grundsätzlich empfiehlt es sich für Einsteiger, 15-20 Wiederholungen der **dynamischen Übungen** auszuführen. In diesem Buch werden intensive Übungen vorgestellt, die aber aufgrund des hohen Schwierigkeitsgrads für Einsteiger nicht mit zahlreichen Wiederholungen möglich sind. Sie finden im „Teil 4: Die Fighter-Workouts“ Angaben zur geeigneten Wiederholungszahl. Wichtig ist es, die Übungen immer vollständig korrekt auszuführen, um eine Verletzung zu vermeiden. Ist es für Sie bei einer Übung nicht möglich, die Minimalzahl der angegebenen Wiederholungszahlen auszuführen, machen Sie vorerst eine weniger anspruchsvolle

Übung für die gleiche Muskelgruppe. Fortgeschrittene führen deutlich mehr Wiederholungen der beschriebenen dynamischen Übungen aus. Sie können aber auch intensivere Übungsvarianten wählen, womit dann weniger Wiederholungen möglich sind.

Statische Übungen werden so ausgeführt, dass die Endposition 30-60 Sekunden lang gehalten wird. Fortgeschrittene halten eine Position 60-120 Sekunden oder nutzen eine intensivere Übungsvariante. Wenn eine statische Übung mit einer dynamischen Übung kombiniert wird, wofür die Endposition mit maximaler Kontraktion oder mehrere Positionen auf dem Weg zur Endposition gehalten werden, dann erfolgt jede Spannung über drei bis zehn Sekunden.

Bei intensiven Bodyweight-Grundübungen, z. B. „K 5: Handstand-Liegestütz", „K 8: Klimmzug mit Beine anheben" und „K 28: Einbeinige Kniebeuge mit vorzeigendem Bein", können Fortgeschrittene mit der **Gewöhnungsmethode** ihre Leistungsfähigkeit über eine kurze Zeitspanne deutlich verbessern. Dazu wählen Sie ein bis drei intensive Übungen. Führen Sie einen Maximaltest für diese Übungen durch und notieren Sie die Anzahl der möglichen Wiederholungen. In den folgenden Tagen machen Sie mehrfach täglich 40-60 Prozent der maximal möglichen Wiederholungen. Wenn Sie beispielsweise für Klimmzüge beim Maximalkrafttest zehn Wiederholungen erreicht haben, führen Sie immer vier bis sechs Klimmzüge aus, wenn Sie zu Hause an der Klimmzugstange vorbei gehen. Nach einer Woche erfolgt wieder ein Maximaltest und die Wiederholungszahlen werden angepasst. Innerhalb von zwei bis vier Wochen lassen sich so signifikante Leistungsverbesserungen für die jeweilige Übung erreichen. Allerdings dürfen Sie die dabei intensiv gekräftigte Muskulatur nicht mit zusätzlichen Krafteinheiten belasten. Auch können Sie nicht mit mehr als drei Übungen gleichzeitig so verfahren, da der Körper ansonsten überlastet wird. Beachten Sie, dass Sie mindestens einmal wöchentlich ein Programm für die anderen Muskelgruppen ausführen müssen, um das Leistungsniveau aufrechtzuerhalten. Es ist nicht einfach, diese Methode in das Kraftprogramm zu integrieren. Mit fortschreitender Trainingserfahrung lohnt es aber, diese Methode hin und wieder für einige Wochen in das Training einzubauen. Außerdem können Sie am Ende eines Kampfsporttrainings im Verein noch ein bis drei komplexe Grundübungen ausführen, wobei Sie diese nicht bis zur maximalen Leistungsgrenze wiederholen, damit keine Verlängerung der Regenerationsphase notwendig wird.

Übungsintensivierung

Sie können die Muskelbeanspruchung bei dynamischen Übungen intensivieren, indem Sie die Endposition oder mehrere Position halten, ebenso durch Teilbewegungen in der Endposition.

Halten der Endposition bedeutet, dass Sie in der Endposition für wenige Sekunden verbleiben und dabei die Muskulatur mit maximaler Kraft anspannen. Halten Sie dabei nicht die Luft an, sondern atmen Sie gleichmäßig weiter.

Das **Halten mehrerer Positionen** für einige Sekunden im Übungsverlauf ist eine weitere Möglichkeit, eine Übung zu intensivieren. Es bietet sich beispielsweise an, jeweils eine Position am Anfang, in der Mitte und am Ende der Bewegung über mehrere Sekunden zu halten. Atmen Sie in jeder Halteposition gleichmäßig weiter.

Auch **Teilbewegungen** sind eine sinnvolle Variante zur Steigerung der Muskelaktivität. Damit ist gemeint, dass Sie sich in die Endposition bewegen und von dort kleine, langsame Bewegungen nach oben und wieder nach unten machen. Durch die Ausführung der Wiederholungen im Bereich höchster Muskelaktivität wird ein besseres Trainingsergebnis erreicht. Achten Sie darauf, gleichmäßig zu atmen.

Anzahl der Sätze und Pause zwischen den Sätzen

Ein Satz beschreibt die Wiederholungen einer Übung ohne Unterbrechung. Üblicherweise werden zwei bis drei Sätze von jeder Übung ausgeführt. Die genaue Zahl ist aber von der Gesamtzahl der Übungen abhängig, da das Workout nicht zu lange dauern darf, um eine Überlastung des Körpers zu vermeiden. Außerdem sind für die Satzzahl die gesamte Trainingsplanung und das Leistungsniveau des Aktiven entscheidend. Am besten machen Einsteiger zwei Sätze für Workouts mit fünf bis zehn Übungen; Fortgeschrittene machen zwei bis drei Sätze abhängig von ihrer Trainingsplanung.

Wenn Sie die Übungen mit vielen Wiederholungen und eher wenig Intensität ausführen, pausieren Sie zwischen zwei Sätzen ein bis zwei Minuten. Wenn Sie hingegen wenige Wiederholungen mit hoher Intensität ausführen, benötigt der Körper eine Regenerationsphase von zwei bis drei Minuten zwischen zwei Sätzen.

Als Variante können Fortgeschrittene für jede Übung einen Satz machen und dann zur nächsten Übung übergehen. Nachdem für alle Übungen ein Satz ausgeführt worden ist, wird wieder mit der ersten Übung begonnen. Dieses Vorgehen wird in der Trainingslehre als Zirkeltraining bezeichnet.

Wichtige Regeln zur Übungsdurchführung

Nehmen Sie eine stabile Ausgangsposition ein, damit Sie sich vollständig auf die Übungsdurchführung konzentrieren können. Spannen Sie die Bauch- und die Gesäßmuskulatur an, die Schultermuskulatur nach hinten unten und achten Sie auf einen geraden Rücken. Kontrollieren Sie regelmäßig die Ausgangsposition und die Übungsdurchführung vor einem Spiegel. Achten Sie darauf, dass die Schultern auf gleicher Höhe bleiben, und vermeiden Sie ein Abknicken der Handgelenke.

Konzentrieren Sie sich bei jeder Übung auf die Zielmuskulatur und nehmen Sie während der Übungsdurchführung deren Aktivität bewusst wahr. Dadurch werden die besten Ergebnisse erzielt. Ungeübten fällt die konzentrierte Trainingsausführung zu Anfang noch etwas schwer, doch werden sie sich diese mit fortschreitender Praxis aneignen.

Führen Sie die Übungen in gleichmäßigen, eher langsamen Bewegungen aus. Achten Sie auf eine technisch korrekte Ausführung. Ziel des Krafttrainings ist es, die Muskulatur effektiv zu trainieren. Bei Sprungübungen bewegen Sie sich langsam in die Absprungposition und bewegen sich erst von dieser Position aus explosiv.

Vermeiden Sie es, Schwung zu holen, ebenso Ausweichbewegungen durch den Einsatz anderer Muskelgruppen. Sie werden beispielsweise bei „K 7: Handtuch-Klimmzug" feststellen, wie die Rücken-, Hand-, Unterarm- und vordere Oberarmmuskulatur zittert und ermüdet. Durch ruckartige Bewegungen, Verdrehen der Schulter und Anheben des Nackens gelingt es Ihnen vielleicht, eine Wiederholung mehr auszuführen. Dadurch wird die Muskulatur aber nicht besser trainiert, sondern die Übung mit Körperfehlstellungen bewältigt.

Die Zielmuskulatur muss während der gesamten Übungsdurchführung aktiviert bleiben. Sie dürfen beispielsweise beim Klimmzug die Arme nicht durchhängen lassen, sondern müssen sie leicht gebeugt in Spannung halten. Die Muskelaktivität nimmt während der Bewegung zu und ist in der Endposition am größten, deshalb kann die Übung auch durch Halten der Endposition und Teilbewegungen intensiviert werden.

Sie dürfen sich bei den Übungen anstrengen und verausgaben. Wenn jedoch Schmerzen auftreten, muss die Übung unterbrochen werden. Lassen die Schmerzen im Ruhezustand nach, überlegen Sie, was die Ursache war, beispielsweise eine fehlerhafte Körperhaltung, und versuchen Sie die Ausführung erneut. Tritt der gleiche Schmerz wieder auf, stoppen Sie die Übung und machen Sie die nächste, die in Ihrem Trainingsplan steht. Lassen die Schmerzen auch im Ruhezustand nicht nach, beenden Sie das Training und kontaktieren Sie Ihren Arzt.
Führen Sie Übungen für die linke und die rechte Körperseite immer mit gleicher Intensität aus. Achten Sie darauf, dass Sie Ihren Körper ausgeglichen trainieren. Sie müssen in Ihr Trainingsprogramm alle großen Muskelgruppen integrieren.

Atmung

Am besten führen Sie die Übungen eher langsam aus und atmen dabei durchgehend gleichmäßig. Sie dürfen hingegen nicht den Atemrhythmus unterbrechen, denn dann würde der Körper ungenügend mit Sauerstoff versorgt, was ein erhebliches Gesundheitsrisiko darstellt.
Wenn Sie jedoch Übungen schnell und mit hohen Intensitäten ausführen, atmen Sie beim Absenken ein und atmen in der Anstrengungsphase beim Strecken oder Aufrichten aus.
Behalten Sie den Atemrhythmus während aller Wiederholungen bei. Wenn Sie zur Intensivierung die Endposition einige Sekunden halten, atmen Sie währenddessen bewusst ein und aus.

Durchführung der Übung

Nehmen Sie die Ausgangsposition ein und führen Sie die Übung entsprechend der Übungsbeschreibung durch. Wiederholen Sie die Durchführung so oft, wie dies die von Ihnen genutzte Trainingsmethode verlangt. Sie müssen eine Intensität wählen, mit der Sie die Wiederholungen technisch korrekt – ohne Fehlstellungen und Ausweichbewegungen – ausführen können. Auch wenn eine Übung nur zu einer Seite beschrieben ist, müssen Sie immer beide Körperseiten kräftigen.
Bei den Übungen wird hervorgehoben, ob eine Muskulatur vorrangig (++) oder mitgekräftigt wird (+).

2. Übungen für den Oberkörper

A-B: Die Ausgangsposition und die Endposition.

K 1: Faust-Liegestütz

Kräftigung:

★★ Brustmuskulatur

★ Unterarm-, vordere Schulter- und hintere Oberarmmuskulatur

Ausgangsposition:
Begeben Sie sich auf den Boden und stützen Sie sich mit den Fäusten und Zehen ab. Die Fäuste sind schulterbreit oder etwas weniger weit auseinander und die Handinnenseiten weisen zueinander. Spannen Sie die Bauch- und die Gesäßmuskulatur an, um den Rücken zu stabilisieren, und ziehen Sie die Schultern nach hinten unten. Der Blick ist auf den Boden gerichtet.

Übungsdurchführung:
Beugen Sie die Arme, bis der Oberkörper fast den Boden berührt, ohne ihn abzulegen. Die Ellbogen bleiben nahe am Körper. Dann strecken Sie die Arme und bewegen sich in die Ausgangsposition zurück. Halten Sie den gesamten Körper unter Spannung und achten Sie darauf, dass der Rücken gerade bleibt.

Variante:
Hoch intensiv ist die Ausführung von Faust-Liegestützen auf einem Gymnastikball. Führen Sie die Übung jedoch nur mit kleinem Bewegungsumfang aus, da sonst bei Wegrutschen des Balls große Verletzungsgefahr besteht. Diese Übungsvariante zielt darauf ab, die stabilisierende Muskulatur des Handgelenks zu kräftigen.

C: Die Übung auf dem Gymnastikball.

K 2: Liegestütz mit Füßen auf Gymnastikball

Kräftigung:
★★ Brustmuskulatur
★ Unterarm-, vordere Schulter-, untere Rücken-, Bauch- und hintere Oberarmmuskulatur

Ausgangsposition:
Stützen Sie sich mit den Händen auf dem Boden und mit den Zehen auf einem Gymnastikball ab. Die Hände sind schulterbreit auseinander und die Finger zeigen nach oben. Spannen Sie die Bauch- und die Gesäßmuskulatur an, um den Rücken zu stabilisieren, und ziehen Sie die Schultern nach hinten unten. Der Blick ist auf den Boden gerichtet.

Übungsdurchführung:
Beugen Sie die Arme, bis der Oberkörper fast den Boden berührt, ohne ihn abzulegen. Die Ellbogen bleiben nahe am Körper. Dann strecken Sie die Arme und bewegen sich in die Ausgangsposition zurück. Halten Sie den gesamten Körper unter Spannung und achten Sie darauf, dass der Rücken gerade bleibt.

Variante:
Einsteiger vereinfachen die Übung, indem sie sich mit dem Spann statt mit den Zehen abstützen.
Fortgeschrittene können die Übung mit versetzten Liegestützen intensivieren. Dazu wird eine Hand auf einen Gegenstand aufgestellt und die andere Hand auf den Boden.
Wenn Sie keinen Gymnastikball zur Verfügung haben, stellen Sie die Zehen auf einen halbhohen Gegenstand auf, was allerdings die Übungsintensität verringert.

A-B: Die Ausgangsposition und die Endposition.

K 3: Indischer Liegestütz (Dands/Hindu Push-up)

Kräftigung:
★★ Brustmuskulatur
★ Schulter-, Bauch-, untere Rücken-, Bein-, Nacken- und hintere Oberarmmuskulatur

Ausgangsposition:
Stützen Sie sich mit den Händen und Fußsohlen auf den Boden ab. Das Gesäß ist hoch angehoben, die Hände sind schulterbreit auseinander und die Finger zeigen nach oben. Die Füße positionieren Sie schulterbreit oder etwas weiter auseinander mit einer leichten Innendrehung. Die Beine sind gestreckt, der Rücken und die Arme bilden eine gerade Linie und der Blick ist zu den Füßen gerichtet. Spannen Sie die Gesäß- und die Bauchmuskulatur an, um die Position zu stabilisieren.

Übungsdurchführung:
Bewegen Sie sich, als würden Sie unter einer Stange durchtauchen. Zuerst beugen Sie die Ellbogen, dann bringen Sie den Brustkorb nach unten, ohne jedoch den Boden zu berühren, und schließlich bewegen Sie die Hüfte nach unten. Danach beginnt die Aufwärtsbewegung, wobei Sie zuerst die Arme und den Kopf nach oben strecken. Nun heben Sie die Hüfte an und strecken die Fersen zum Boden, bis Sie sich wieder in der Ausgangsposition befinden, mit dem Gesäß als höchstem Punkt, gestreckten Beinen, geradem Rücken und Blick zu den Füßen. Achten Sie auf gleichmäßige Übungsdurchführung und darauf, dass der gesamte Körper durchgehend unter Spannung ist.

Variante:
Fortgeschrittene können die indischen Liegestütze einbeinig und/oder einarmig ausführen.
Bei der Übung „Dive-Bomber“ erfolgt der erste Teil der Übung bis zum Anheben des Kopfes wie bei den „Dands“. Danach wird aber die Bewegung rückwärts ausgeführt, wodurch ein zweimaliges Beugen der Arme erfolgt.

A-E: Der Bewegungsablauf der Grundübung. Fortgeschrittene bringen in der Ausgangsposition die Fersen weiter in Richtung Boden.

A-C: Der Bewegungsablauf.

Variante:
Einsteiger machen die Übung auf einem Teppich oder mit kantigen Hanteln, damit die Hanteln nicht wegrutschen.

K 4: Rudern und Liegestütz

Kräftigung:
★★ Brust-, obere Rücken- und hintere Oberarmmuskulatur
★ Unterarm-, Schulter-, Bauch-, untere Rücken- und vordere Oberarmmuskulatur

Ausgangsposition:
Begeben Sie sich auf den Boden und stützen Sie sich mit den Händen auf Hanteln und mit den Zehen ab. Die Hände sind schulterbreit auseinander und die Handflächen weisen zueinander. Spannen Sie die Bauch- und die Gesäßmuskulatur an, um den Rücken zu stabilisieren. Nun verlagern Sie das Körpergewicht zur linken Seite und heben die rechte Kurzhantel geringfügig vom Boden ab.

Übungsdurchführung:
Ziehen Sie die rechte Kurzhantel nach hinten oben, eng am Körper entlang. Dann senken Sie die Hantel, ohne sie abzulegen, und wiederholen die Übung. Danach führen Sie die Ruderbewegung zur linken Seite aus. Anschließend beenden Sie die Übung mit Liegestützen, wobei Sie sich weiterhin auf den Hanteln abstützen. Achten Sie auf gleichmäßige Übungsdurchführung und darauf, dass der Körper durchgehend in Spannung ist und der Rücken gerade bleibt. Führen Sie erst die beabsichtige Wiederholungszahl als Ruderbewegung zur rechten Seite aus, dann zur linken Seite und schließlich als Liegestütze.

K 5: Handstand-Liegestütz

Kräftigung:

★★ seitliche Schulter-, Nacken-, Unter arm- und hintere Oberarmmuskulatur

★ Brust-, vordere und hintere Schultermuskulatur

Ausgangsposition:
Stützen Sie sich mit den Händen etwa 20-30 cm vor einer Wand auf dem Boden ab. Die Hände sind schulterbreit auseinander und die Finger zeigen zur Wand und sind gespreizt. Ein Bein ist etwas angezogen und das andere Bein ist nach hinten gestreckt. Nehmen Sie Schwung und bringen Sie die Beine an die Wand, das gestreckte Bein zuerst. Balancieren Sie die Position aus und spannen Sie die Hände fest in den Boden und die Schultern weg von den Ohren. Aktivieren Sie die Bauch- und die Gesäßmuskulatur, um die Position zu stabilisieren, und richten Sie den Blick nach unten vorne.

A-B: Die Ausgangsposition und die Endposition.

Übungsdurchführung:
Beugen Sie langsam die Arme, bis der Kopf den Boden berührt, ohne sich jedoch mit dem Kopf abzustützen. Dann strecken Sie die Arme und bewegen sich in die Ausgangsposition zurück. Halten Sie die gesamte Muskulatur in Spannung und achten Sie auf geraden Rücken, gerade Handgelenke und gleichmäßige Atmung.

Variante:
Einsteiger führen die Übung mit verringertem Bewegungsausmaß aus. Dazu können Sie einen Bücherstapel so platzieren, dass sich Ihr Kopf während der Übungsausführung darüber befindet. Wenn Sie die beabsichtige Wiederholungszahl erreichen, verringern Sie die Höhe des Stapels, bis Sie schließlich die Übung mit dem vollständigen Bewegungsausmaß ausführen können. Weit Fortgeschrittene können die Übung auf zwei gleich hohen und stabilen Gegenständen ausführen, was ein größeres Bewegungsausmaß ermöglicht.
Auch die freihändige Übungsausführung kann zur Intensivierung gemacht werden.

K 6: Dips mit Füßen auf Gymnastikball

Kräftigung:

★★ hintere Oberarmmuskulatur

★ Brust-, Bauch-, hintere Oberschenkel-, Gesäß-, Unterarm-, untere Rücken- und Schultermuskulatur

Ausgangsposition:
Stützen Sie sich mit den Händen auf dem Boden ab und stellen Sie die Fersen auf einen Gymnastikball auf. Die Beine sind gestreckt und zeigen nach vorne und der Rücken ist gerade. Die Arme sind fast gestreckt, die Hände befinden sich unterhalb der Schultern und die Finger zeigen in Richtung der Füße. Spannen Sie die Bauch- und die Gesäßmuskulatur an und drücken Sie die Fersen in den Ball, um die Position zu stabilisieren.

Übungsdurchführung:
Beugen Sie die Arme, wobei Sie die Ellbogen nahe am Körper halten. Gleichzeitig senken Sie das Gesäß, jedoch nur soweit, dass es noch nicht auf dem Boden aufsitzt. Beugen Sie die Arme nicht weiter als bis zur waagrechten Position der Oberarme, um eine Überlastung der Schultergelenke zu vermeiden. Halten Sie kurz die Endposition, bevor Sie sich in die Ausgangsposition zurückdrücken. Achten Sie darauf, dass Sie die Handgelenke nicht abknicken.

Variante:
Sie können die Übung vereinfachen, indem Sie den Gymnastikball in ein Wandeck legen, damit er nicht wegrutschen kann. Wenn Sie keinen Gymnastikball zur Verfügung haben, stellen Sie die Fersen auf einen halbhohen Gegenstand auf, was allerdings die Übungsintensität verringert.

A-B: Die Ausgangsposition und die Endposition.

K 7: Handtuch-Klimmzug

Kräftigung:
★★ obere Rücken-, Hand- und Unterarmmuskulatur
★ Schulter-, Bauch- und vordere Oberarmmuskulatur

Ausgangsposition:
Legen Sie ein Handtuch um einen hohen Gegenstand, beispielsweise um eine Stufe einer Wendeltreppe oder eine Klimmzugstange. Greifen Sie die Enden des Handtuchs und ziehen Sie sich etwas hoch, so dass Sie frei in der Luft hängen. Die Handflächen weisen dabei zueinander. Spannen Sie die Bauch- und die Gesäßmuskulatur an und halten Sie den Körper gerade.

Übungsdurchführung:
Ziehen Sie sich in einer gleichmäßigen Bewegung nach oben, wobei Sie die Ellbogen zu den Rippen bringen. Halten Sie kurz die Endposition, bevor Sie sich langsam in die Ausgangsposition zurückbewegen. Senken Sie jedoch den Körper nur soweit, dass die Arme noch leicht gebeugt sind, damit die Muskulatur in Spannung bleibt. Vermeiden Sie Ausweichbewegungen wie das Anheben der Schultern.

Variante:
Einsteiger können sich etwas mit den Füßen auf dem Boden oder einem Stuhl abstützen, damit sie nicht das gesamte Körpergewicht anheben müssen.

A-B: Die Ausgangsposition und die Endposition.

K 8: Klimmzug mit Beine anheben

Kräftigung:

★★ obere Rücken- und Bauchmuskulatur

★ Hand-, Hand-, Unterarm-, Schulter- und vordere Oberarmmuskulatur

Ausgangsposition:
Sie hängen frei an einer Klimmzugstange. Die Arme sind etwa schulterbreit auseinander, wobei die Handflächen nach vorne weisen. Die Körperhaltung ist gerade und die Bauch- und die Gesäßmuskulatur sind angespannt.

Übungsdurchführung:
Ziehen Sie sich in einer gleichmäßigen Bewegung nach oben, bis das Kinn über der Stange ist, wozu Sie die Ellbogen zu den Rippen bewegen. Gleichzeitig ziehen Sie die Knie zur Brust. Halten Sie kurz die Endposition, bevor Sie sich langsam in die Ausgangsposition zurückbewegen. Senken Sie jedoch den Körper nur soweit, dass die Arme noch leicht gebeugt sind, damit die Muskulatur in Spannung bleibt. Vermeiden Sie Ausweichbewegungen wie das Anheben der Schultern.

Variante:
Sie können die Übung intensivieren, indem Sie die gestreckten Beine zum Körper ziehen.

A-B: Die Ausgangsposition und die Endposition.

K 9: Kopf spannen

Kräftigung:
★★ Nacken- und Halsmuskulatur

Ausgangsposition:
Im aufrechten Stand machen Sie zuerst einige Kreisbewegungen mit dem Kopf, um die Nackenmuskulatur zu lockern. Überstrecken Sie dabei den Kopf nicht nach hinten. Nun beugen Sie den Kopf etwas nach vorne und legen die Handflächen auf den Hinterkopf. Spannen Sie die Bauch- und die Gesäßmuskulatur an.

Übungsdurchführung:
Bewegen Sie den Hinterkopf gegen den festen Druck der Handflächen nach oben. Dann senken Sie den Kopf langsam wieder und wiederholen die Übung. Achten Sie auf langsame und gleichmäßige Bewegungen.
Nachdem Sie die Nackenmuskulatur in der ersten Position gekräftigt haben, lehnen Sie den Kopf geringfügig nach hinten und legen die Handflächen auf die Stirn. Drücken Sie nun den Kopf gegen den Widerstand der Hände nach vorne. Wiederholen Sie die Bewegung.
Schließlich beugen Sie den Kopf geringfügig nach links und legen die rechte Handfläche an die rechte Kopfseite. Drücken Sie den Kopf gegen den Widerstand der Hand nach oben und wiederholen Sie die Bewegung.
Sie beenden die Übung, indem Sie den Kopf zur rechten Seite bewegen und ihn gegen die linke Handfläche spannen. Wiederholen Sie auch diese Bewegung.

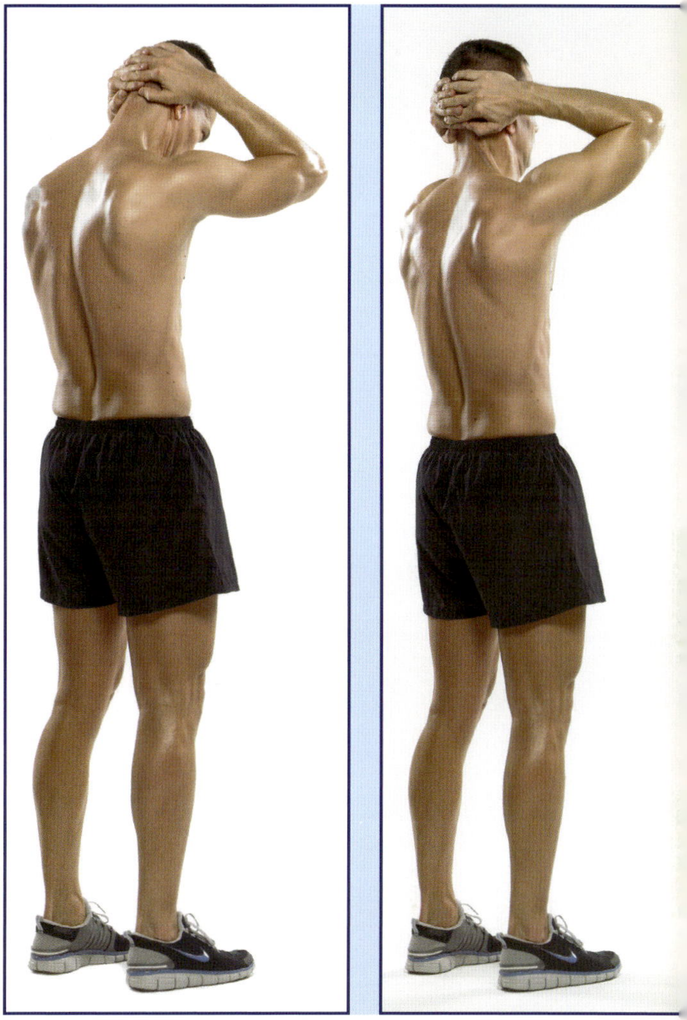

A-B: Die Spannung nach hinten.

A-B: Die Ausgangsposition und die Endposition.

C: Die Einstiegsübung.

K 10: Front Bridge

Kräftigung:
★★ Nacken- und Halsmuskulatur

Ausgangsposition:
Knien Sie sich auf den Boden und platzieren Sie die Hände vor sich auf dem Boden. Stützen Sie nun die Stirn zwischen den Händen auf. Spannen Sie die Bauch- und die Gesäßmuskulatur an.

Übungsdurchführung:
Heben Sie die Knie vom Boden ab und strecken Sie langsam die Beine. Dann heben Sie langsam die Hände vom Boden ab und legen sie auf den Rücken, wobei sich die Hände fassen. Die Endposition wird abhängig vom Leistungsniveau 20-60 Sekunden gehalten. Achten Sie auf gleichmäßige Atmung und angespannte Bauchmuskulatur und darauf, dass der Kopf und der Rücken gerade gehalten werden.

Variante:
Einsteiger lernen die Übung im Kniestütz. Danach führen sie die Übung mit gestreckten Beinen aus, wobei sie aber zuerst nur eine Hand vom Boden abheben und mit der anderen Hand weiterhin ein Teil des Körpergewichtes abstützen.
Fortgeschrittene können die Hände bereits in der Ausgangsposition auf den Rücken legen und sich mit dem Kopf nach oben drücken.

K 11: Bauchroller intensiv

Kräftigung:

★★ vordere und seitliche Bauch- und untere Rückenmuskulatur

★ Schulter-, hintere Oberarm-, Brust- und vordere Oberschenkelmuskulatur

Ausgangsposition:
Sie befinden sich in der Liegestützposition, wobei die Füße auf einem Gymnastikball positioniert sind. Stützen Sie sich mit den Händen so ab, dass sich die Ellbogen unter den Schultergelenken befinden. Spannen Sie die Bauch- und die Gesäßmuskulatur an, die Schultern runter und halten Sie den Rücken gerade.

Übungsdurchführung:
Rollen Sie den Gymnastikball nach vorne, wozu Sie die gestreckten Beine zur Brust bewegen und das Gesäß nach oben drücken. Halten Sie kurz die Position und rollen Sie dann langsam den Ball in die Ausgangsposition zurück. Achten Sie darauf, dass der Rücken gerade oder leicht nach oben gewölbt bleibt.

Variante:
Sie vereinfachen die Übung, indem Sie die Knie zur Brust ziehen, wobei sich das Gesäß nur geringfügig nach oben bewegt. So können Sie den Ball auch abwechselnd zur linken und rechten Schulter rollen.
Wenn Sie keinen Gymnastikball zur Verfügung haben, stellen Sie die Zehen auf einen halbhohen Gegenstand auf, was allerdings die Übungsintensität verringert. Als Alternative können Sie ein Handtuch auf einem glatten Boden einsetzen.

A-B: Die Ausgangsposition und die Endposition.

A-C: Der Bewegungsablauf.

K 12: Crunch mit Drehung

Kräftigung:
★★ vordere und seitliche Bauchmuskulatur

Ausgangsposition:
Sie liegen auf dem Rücken, die Beine sind angezogen und die Fersen aufgestellt. Die Arme sind nach oben gestreckt und die Hände liegen aneinander. Drücken Sie die Fersen etwas auf den Boden, um ein Hohlkreuz während der Übung zu vermeiden.

Übungsdurchführung:
Heben Sie langsam den Oberkörper an, wobei die gesamte Bewegung aus der Bauchmuskulatur erfolgt, ohne Schwung zu holen. Drehen Sie den Oberkörper erst zur linken Seite, dann zur rechten Seite und schließlich zur Mitte. Danach senken Sie den Oberkörper, ohne ihn jedoch abzulegen, damit die Muskulatur in Spannung bleibt. Anschließend wiederholen Sie die Übung.

Variante:
Sie können die Übung intensivieren, indem Sie einen Medizinball oder eine Gewichtsscheibe in den Händen halten.

K 13: Reverse Crunch mit Drehung

Kräftigung:
★★ vordere und seitliche Bauchmuskulatur

Ausgangsposition:
Sie sitzen auf dem Boden, die Beine sind angezogen und die Fersen sind aufgestellt. Spannen Sie die Bauchmuskulatur an und drücken Sie mit den Fersen leicht auf den Boden, um ein Hohlkreuz während der Übung zu vermeiden. Das Kinn wird etwas zur Brust gezogen.

Übungsdurchführung:
Bewegen Sie den Oberkörper langsam nach unten, wobei die Arme nach vorne gestreckt sind und die Hände aneinander liegen. Während der Übung halten Sie einige Positionen für etwa 10 Sekunden und drehen dabei den Oberkörper langsam nach links und rechts. Danach senken Sie den Oberkörper weiter. Die Bewegung bis zum Ablegen des Oberkörpers sollte 30-60 Sekunden dauern. Achten Sie dabei auf eine gleichmäßige Atmung.

Variante:
Um die Übung zu intensivieren, wird der Oberkörper nicht abgelegt, sondern schrittweise wieder nach oben geführt. Die Übungsdauer kann so auf 60-120 Sekunden verlängert werden.
Fortgeschrittene können einen Medizinball in den Händen halten.

A-C: Der Bewegungsablauf.

K 14: Beine anheben im Hang

Kräftigung:

★★ Bauchmuskulatur

★ Hand-, Unterarm-, obere Rücken-, Schulter- und vordere Oberarmmuskulatur

Ausgangsposition:
Sie hängen an einer Stange, die Arme sind etwa schulterbreit auseinander und die Handflächen weisen nach vorne. Halten Sie den Körper gerade, spannen Sie die Bauchmuskulatur an und richten Sie das Becken etwas auf.

Übungsdurchführung:
Heben Sie die gestreckten Beine bis zur senkrechten Position und gleichzeitig das Becken weiter an. Die Endposition halten Sie für etwa drei Sekunden, wobei Sie die Bauchmuskulatur mit maximaler Kraft anspannen und gleichmäßig atmen. Dann bewegen Sie die Beine langsam nach unten und wiederholen die Übung. Achten Sie auf gleichmäßige Übungsdurchführung und vermeiden Sie es, Schwung zu holen.

Variante:
Einsteiger vereinfachen die Übung, indem sie die Knie zur Brust ziehen.
Weit Fortgeschrittene heben die gestreckten Beine bis zum Kopf.

A-B: Die Übung mit Anheben der gestreckten Beine.

K 15: Unterarmstütz (Plank) mit Füßen auf Gymnastikball

Kräftigung:
★★ vordere Bauchmuskulatur
★ seitliche Bauch-, Schulter-, untere Rücken- und vordere Oberschenkelmuskulatur

Ausgangsposition:
Stellen Sie die Zehen auf einen Gymnastikball auf und stützen Sie sich mit den Unterarmen so ab, dass sich die Ellbogen unter den Schultergelenken befinden. Spannen Sie die Bauch- und die Gesäßmuskulatur an.

Übungsdurchführung:
Drücken Sie den Oberkörper nach oben, bis der Rücken gerade ist und die Beine gestreckt sind. Spannen Sie die Füße und Ellbogen zueinander und konzentrieren Sie sich auf die Aktivität der Bauchmuskulatur. Die Endposition wird abhängig vom Leistungsniveau 20-60 Sekunden gehalten. Achten Sie dabei auf eine gleichmäßige Atmung und darauf, dass der Oberkörper nicht ins Hohlkreuz sinkt. Die statische Ausführung über mehrere Sekunden entspricht der Ausführung eines Satzes bei den dynamischen Übungen.

Variante:
Um die Übung zu lernen, können Sie zuerst den Gymnastikball in ein Wandeck legen, damit er nicht wegrutschen kann. Auch wird die Übung etwas vereinfacht, wenn Sie die Füße mit dem Spann statt der Zehen aufstellen.
Fortgeschrittene heben abwechselnd ein Bein an und halten es kurz in der Endposition. Auch können sie sich zur Seite drehen.
Wenn Sie keinen Gymnastikball zur Verfügung haben, stellen Sie die Zehen auf einen halbhohen Gegenstand auf, was allerdings die Übungsintensität verringert.

A-B: Die Ausgangsposition und die Endposition.

A-B: Die Ausgangsposition und die Endposition.

K 16: Seitliches Körperanheben auf Gymnastikball

Kräftigung:
- ★★ seitliche Bauchmuskulatur
- ★ vordere Bauch-, äußere Oberschenkel- und Gesäßmuskulatur

Ausgangsposition:
Sie befinden sich in Seitenlage auf einem Gymnastikball. Die Beine sind gestreckt und übereinander und die Füße sind an einer Wand oder an einem tiefen Gegenstand fixiert. Legen Sie die Hände an die Schläfen und spannen Sie die Bauch- und die Gesäßmuskulatur an.

Übungsdurchführung:
Heben Sie langsam den Oberkörper an und halten Sie kurz die Endposition, wobei Sie die seitliche Bauchmuskulatur mit maximaler Kraft anspannen und gleichmäßig atmen. Dann senken Sie den Oberkörper langsam und wiederholen schließlich die Übung. Achten Sie auf gleichmäßige Übungsdurchführung und darauf, dass Sie das Anheben mit der Kraft der Bauchmuskulatur und ohne Schwung ausführen.

Variante:
Zur Intensivierung der Übung positionieren Sie den Gymnastikball näher in Richtung der Füße. Auch können Sie einen Medizinball in der oberen Hand halten.
Weit Fortgeschrittene führen die Übung ohne Fixierung der Füße aus. Wenn Sie keinen Gymnastikball zur Verfügung haben, machen Sie das Körperanheben in Seitenlage. So ist allerdings nur ein geringer Bewegungsumfang möglich.

K 17: Arme und Beine anheben auf Gymnastikball

Kräftigung:

★★ untere Rückenmuskulatur

★ Nacken-, hintere Schulter- und hintere Oberschenkelmuskulatur

Ausgangsposition:
Sie befinden sich in Bauchlage auf einem Gymnastikball. Die Hände und die Füße sind abgestellt, der Kopf hängt locker nach unten. Spannen Sie die Bauch- und die Gesäßmuskulatur an.

Übungsdurchführung:
Heben Sie gleichzeitig Kopf, rechten Arm und linkes Bein ab. Den Arm bewegen Sie höher als den Kopf, die Stirn bleibt parallel zum Boden. Die Endposition wird abhängig vom Leistungsniveau 20-60 Sekunden gehalten. Achten Sie auf gleichmäßige Atmung und angespannte Bauchmuskulatur. Danach führen Sie die Übung mit linkem Arm und rechtem Bein aus. Das Halten dieser Position entspricht der Durchführung eines Satzes bei den dynamischen Übungen.

Variante:
Fortgeschrittene stützen sich nur mit einer Hand oder einem Fuß ab. Weit Fortgeschrittene benötigen keine Fixierung.
Wenn Sie keinen Gymnastikball zur Verfügung haben, machen Sie die Übung in Bodenlage, was allerdings die Übungsintensität verringert.

A-B: Die Ausgangsposition und die Endposition für Fortgeschrittene.

3. Übungen für Unterarme und Griff

K 18: Handgelenk-Curl

Kräftigung:
★★ Unterarmmuskulatur

Ausgangsposition:
Sie sitzen gerade auf einem Stuhl. Legen Sie einen Arm so auf den Oberschenkel auf, dass Unterarm und Ellbogen fixiert sind, aber das Handgelenk noch frei beweglich ist. In der Hand halten Sie eine Kurzhantel, wobei die Handfläche zur Decke zeigt. Spannen Sie die Bauch- und die Gesäßmuskulatur an.

Übungsdurchführung:
Senken Sie die Hand so weit wie möglich zum Boden ab und heben sie dann langsam wieder in die Ausgangsposition zurück. Achten Sie auf gleichmäßige Übungsdurchführung und darauf, dass der Unterarm aufliegt und sich nur die Hand bewegt.

Variante:
Um den Bewegungsumfang zu vergrößern, können Sie in der unteren Position die Hantel bis zu den Fingerspitzen rollen lassen.
Einsteiger führen die Übung mit geringem Gewicht aus, um Überlastungen zu vermeiden.
Sie können die Übung auch beidarmig mit einer Langhantel ausführen.
Sie können mit der anderen Hand Widerstand geben, wenn Sie keine Hantel zur Verfügung haben.
Wenn Sie eine Hantelbank besitzen, können Sie die Unterarme darauf ablegen.

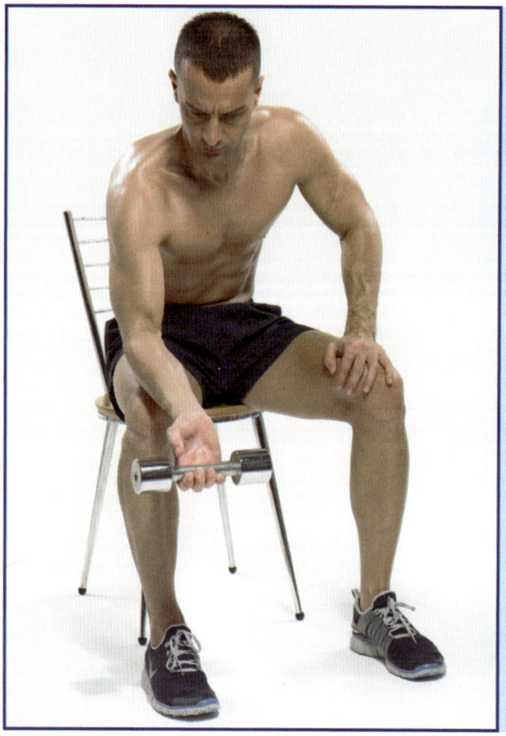

A-B: Die Ausgangsposition und die Endposition.

K 19: Handgelenk-Curl reverse

Kräftigung:
★★ Unterarmmuskulatur

Ausgangsposition:
Sie sitzen gerade auf einem Stuhl. Legen Sie einen Arm so auf den Oberschenkel auf, dass Unterarm und Ellbogen fixiert sind, aber das Handgelenk noch frei beweglich ist. In der Hand halten Sie eine Kurzhantel, wobei die Handfläche zum Boden zeigt. Spannen Sie die Bauch- und die Gesäßmuskulatur an.

Übungsdurchführung:
Senken Sie die Hand so weit wie möglich zum Boden ab und heben sie dann langsam wieder in die Ausgangsposition zurück. Achten Sie auf gleichmäßige Übungsdurchführung und darauf, dass der Unterarm aufliegt und sich nur die Hand bewegt.

Variante:
Einsteiger führen die Übung mit sehr geringem Gewicht aus, um Überlastungen zu vermeiden.
Sie können die Übung auch beidarmig mit einer Langhantel ausführen.
Sie können mit der anderen Hand Widerstand geben, wenn Sie keine Hantel zur Verfügung haben.
Wenn Sie eine Langhantelbank besitzen, können Sie die Unterarme darauf ablegen.

A-B: Die Ausgangsposition und die Endposition.

K 20: Greifen

Kräftigung:
★★ Hand- und Unterarmmuskulatur

Ausgangsposition:
Sie können diese Übung in jeder möglichen Position im Sitz oder im Stand ausführen. Greifen Sie den Federhandgriff so, dass Sie mit allen Fingern Druck ausüben können. Drücken Sie den Griff geringfügig zusammen, damit sich die Feder in Vorspannung befindet.

Übungsdurchführung:
Drücken Sie den Griff in einer gleichmäßigen Bewegung zusammen und halten Sie kurz die Endposition. Dann öffnen Sie den Griff langsam wieder bis zur Ausgangsposition, jedoch nicht darüber hinaus, damit die Feder in Spannung bleibt. Anschließend wird die Übung wiederholt. Vermeiden Sie ruckartige Bewegungen.

Variante:
Sie können abwechselnd den Handrücken nach oben und nach unten drehen.
Sie können die Übung intensivieren, indem Sie während der Bewegung einige Positionen kurz halten.
Auch können Fortgeschrittene die Übung mit einem oder mehreren nach außen abspreizten Fingern ausführen.
Sie können auch einen Digi-Flex oder eine Therapie-Knetmasse einsetzen, wodurch der Druck mit einem einzelnen Finger ausführbar ist.
Wenn Sie kein Trainingsgerät zur Verfügung haben, drücken Sie mit den Fingerkuppen von unten gegen eine Tischplatte. Spannen Sie die Fingerkuppen mit maximaler Kraft gegen die Tischplatte und halten Sie die Position für 10-15 Sekunden.

A: Die Übung mit dem Federhandgriff.

B: Die Übung mit dem Digi-Flex.

K 21: Fingerstrecken

Kräftigung:
★★ Hand- und Unterarmmuskulatur

Ausgangsposition:
Sie sitzen aufrecht auf einem Stuhl, die Beine sind nach außen gespreizt. Der Ellbogen ist am Oberschenkel fixiert, die Handfläche weist nach unten und die Finger sind etwas gebeugt und auseinander gespreizt. Spannen Sie ein Stretchband über die Finger und halten Sie die Enden fest in der anderen Hand. Das Band befindet sich in leichter bis mittlerer Spannung. Aktivieren Sie die Bauchmuskulatur und halten Sie das Handgelenk gerade.

Übungsdurchführung:
Bewegen Sie die Finger gegen die Spannung des Bandes nach oben und halten Sie kurz die Position. Dann bewegen Sie die Finger langsam in die Ausgangsposition zurück. Achten Sie auf gleichmäßige Übungsdurchführung.

Variante:
Einsteiger führen die Übung mit sehr geringem Widerstand aus, um Überlastungen zu vermeiden.
Als Variante können Sie die Fingerkuppen von unten gegen eine Tischplatte spannen, als würden Sie die Platte anheben. Spannen Sie die Fingerkuppen mit maximaler Kraft gegen die Tischplatte und halten Sie die Position für 10-15 Sekunden.

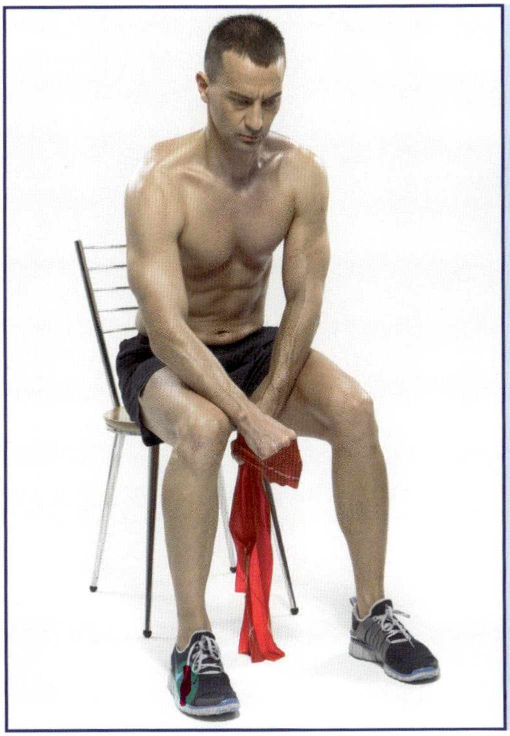

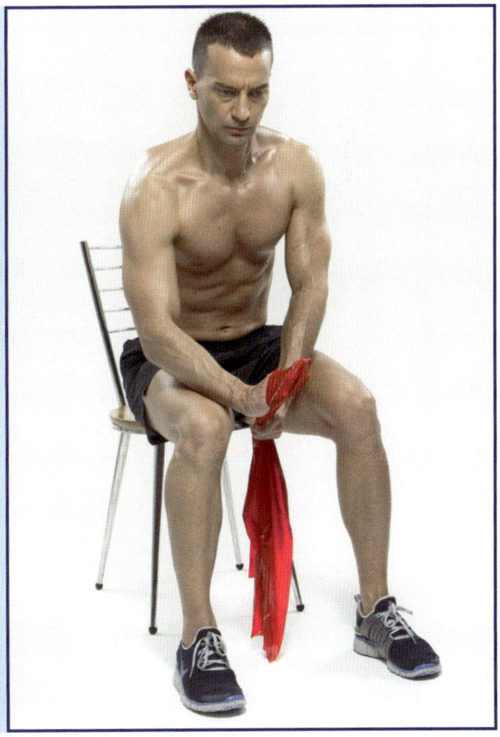

A-B: Die Ausgangsposition und die Endposition.

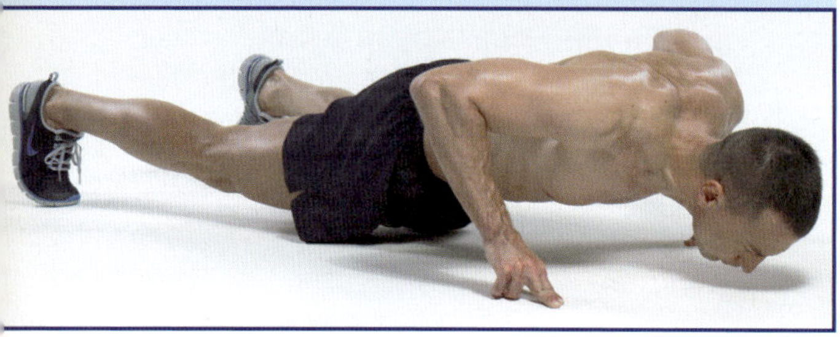

A-B: Die Ausgangsposition und die Endposition.

C: Übung auf den Handaußenkanten.

K 22: Finger-Liegestütz

Kräftigung:

★★ Hand-, Unterarm- und Brustmuskulatur

★ vordere Schulter- und hintere Oberarmmuskulatur

Ausgangsposition:
Begeben Sie sich auf den Boden und stützen Sie sich mit den Fingerspitzen und Zehen ab. Die Hände sind schulterbreit oder etwas weniger auseinander und die Handinnenseiten weisen zueinander. Spannen Sie die Bauch- und die Gesäßmuskulatur an, um den Rücken zu stabilisieren, und ziehen Sie die Schultern nach hinten unten. Der Blick ist auf den Boden gerichtet.

Übungsdurchführung:
Beugen Sie die Arme, bis der Oberkörper fast den Boden berührt, ohne ihn abzulegen. Die Ellbogen bleiben nahe am Körper. Dann strecken Sie die Arme und bewegen sich in die Ausgangsposition zurück. Halten Sie den gesamten Körper in Spannung und achten Sie darauf, dass der Rücken gerade bleibt.

Variante:
Mit zunehmendem Leistungsniveau stützen Sie sich bei der Übung mit immer weniger Fingern ab.
Als Variante können Sie die Handmuskulatur mit Liegestützen auf der inneren oder äußeren Handkante kräftigen.

4. Übungen für Beine und Gesäß

K 23: Einbeinstand auf dem Kreisel

Kräftigung:
★★ Oberschenkelmuskulatur und stabilisierende Muskulatur des Standbeins

Ausgangsposition:
Sie stehen aufrecht mit einem Bein auf einem Therapiekreisel, das andere Bein halten Sie in der Luft. Konzentrieren Sie sich auf die Belastung von Fußballen, Fußaußenkante und Ferse, um stabil zu stehen. Spannen Sie die Bauch- und die Gesäßmuskulatur an.

Übungsdurchführung:
Drehen Sie das Standbein nach links, zur Mitte zurück, nach rechts und wieder zur Mitte zurück. Der Therapiekreisel dreht sich dabei mit. Dann beugen Sie langsam das Standbein bis etwas über die waagrechte Position. Halten Sie kurz die Endposition, bevor Sie das Bein strecken. Achten Sie darauf, dass das Knie über dem Fuß bleibt und nicht nach vorne oder zur Seite ausweicht. Anschließend wird die Übung wiederholt.

Variante:
Sie vereinfachen die Übung, indem Sie auf die vorherige Drehung verzichten und ausschließlich die Kniebeuge trainieren. Außerdem führen Einsteiger die Kniebeuge mit kleinem Bewegungsradius aus und sollten sich vor einer Wand befinden, um sich bei Balanceverlust abstützen zu können.
Fortgeschrittene können eine tiefe Kniebeuge ausführen.
Wenn Sie keinen Kreisel zur Verfügung haben, machen Sie die Übung auf dem Boden, was allerdings die Intensität verringert.

A-B: Die Drehung nach rechts.

C: Die tiefe Kniebeuge für Fortgeschrittene.

K 24: Bein heben auf Kreisel

Kräftigung:

★★ Oberschenkelmuskulatur und stabilisierende Muskulatur des Standbeins

★ Waden-, Gesäß- und untere Rückenmuskulatur

Ausgangsposition:
Sie befestigen das Stretchband in tiefer Position und verkoten es. Stellen Sie sich mit dem inneren Fuß auf einen Therapiekreisel und legen Sie die Schlaufe großflächig um den äußeren Fuß. Konzentrieren Sie sich auf die Belastung von Fußballen, Fußaußenkante und Ferse, um stabil zu stehen. Spannen Sie die Bauch- und die Gesäßmuskulatur an und heben Sie das äußere Bein geringfügig an, damit sich das Band in leichter Spannung befindet.

Übungsdurchführung:
Spreizen Sie das Bein in einer gleichmäßigen Bewegung nach außen weg und halten Sie kurz die Endposition (Position 1). Dann bewegen Sie das Bein langsam in die Ausgangsposition zurück, jedoch nicht darüber hinaus, damit die Muskulatur in Spannung beleibt. Anschließend wiederholen Sie mehrfach die Position 1.

A-B: Spreizen des Beins nach außen.

Danach drehen Sie sich mit dem Gesicht in Richtung Bandbefestigung, das Band ist nun um die Ferse befestigt. Strecken Sie das Bein mehrfach nach hinten (Position 2).

Nun wechseln Sie das Standbein und legen das Band um das innere Bein. Ziehen Sie das innere Bein mehrfach zu sich und am Standbein vorbei nach außen (Position 3).

Zuletzt drehen Sie sich mit dem Rücken zur Bandbefestigung und befestigen das Band um den Fußspann oder den Unterschenkel. Heben Sie nun das Band gegen den Widerstand des Bandes nach vorne (Position 4). Wiederholen Sie auch diese Position mehrfach.

Wenn Sie keinen Kreisel zur Verfügung haben, machen Sie die Übung auf dem Boden, was allerdings die Intensität verringert.

Variante:

Wenn Sie sich bei der Übung an einer Stuhllehne festhalten, wird die stabilisierende Muskulatur des Standbeines weniger intensiv gekräftigt. Dann kann der Zug jedoch mit mehr Kraft ausgeführt werden, somit intensiviert sich die Aktivität des angehobenen Beines.

C: Heben des Beins nach hinten.

D: Anziehen des Beins nach innen.

E: Heben des Beins nach vorne.

K 25: Beidbeinige Kniebeuge (Squat) mit Sandsack

Kräftigung:

★★ Oberschenkelmuskulatur, insbesondere vorderer Anteil, Gesäß- und untere Rückenmuskulatur

★ Waden-, vordere Oberarm-, Unterarm- und obere Rückenmuskulatur

Ausgangsposition:
Sie stehen aufrecht, die Beine sind leicht gebeugt, die Füße sind etwas weiter als schulterbreit auseinander und weisen leicht nach außen. Mit den Unterarmen halten Sie einen Sandsack vor dem Körper. Spannen Sie die Bauch- und die Gesäßmuskulatur an und halten Sie den Rücken gerade.

Übungsdurchführung:
Beugen Sie die Beine, bis die Oberschenkel etwas tiefer als in der waagrechten Position sind, und schieben Sie gleichzeitig das Gesäß nach hinten. Halten Sie kurz die Endposition, wobei Sie die Beinmuskulatur mit maximaler Kraft anspannen und gleichmäßig atmen. Dann strecken Sie die Beine und heben am Bewegungsende die Fersen ab. Achten Sie auf einen geraden Rücken und darauf, dass die Knie über den Füßen bleiben und nicht nach vorne oder zur Seite ausweichen. Anschließend wird die Übung wiederholt.

Variante:
Einsteiger machen die Übung mit kleinem Bewegungsradius oder ohne Zusatzgewicht.
Sie können die Belastung für den Oberkörper intensivieren, wenn Sie den Sandsack auf den Schultern oder über dem Kopf halten.
Als Variante können Sie Ausfallschritte mit Zusatzgewicht machen.

A-C: Der Bewegungsablauf.

K 26: Gewicht anheben in breiter Kniebeuge

Kräftigung:
- ★★ Oberschenkelmuskulatur, insbesondere vorderer Anteil, Gesäßmuskulatur
- ★ Waden-, Nacken-, obere und untere Rückenmuskulatur

Ausgangsposition:
Sie stehen aufrecht, die Beine sind leicht gebeugt, die Füße sind etwas weiter als schulterbreit auseinander und weisen nach außen. Vor dem Körper halten Sie eine Hantel, wozu Sie eine Hantelscheibe mit beiden Händen greifen. Spannen Sie die Bauch- und die Gesäßmuskulatur an und halten Sie den Rücken gerade.

Übungsdurchführung:
Beugen Sie die Beine, bis die Oberschenkel etwas tiefer als in der waagrechten Position sind, und schieben Sie gleichzeitig das Gesäß nach hinten. Senken Sie dabei die Hantel, bis sie den Boden berührt. Dann strecken Sie die Beine und richten den Körper wieder auf. Achten Sie auf einen geraden Rücken und darauf, dass die Knie über den Füßen bleiben und nicht nach vorne oder zur Seite ausweichen. Anschließend wird die Übung wiederholt.

Variante:
Sie können die Übung auch mit einem Medizinball ausführen.

A-B: Der Bewegungsablauf.

K 27: Im Sprung aus beidbeiniger Kniebeuge abwechselnd Knie und Fersen anziehen

Kräftigung:

★★ Oberschenkelmuskulatur, insbesondere vorderer Anteil, Gesäßmuskulatur

★ Waden-, Bauch- und untere Rückenmuskulatur

Ausgangsposition:
Sie stehen aufrecht, die Beine sind leicht gebeugt, die Füße sind etwas weiter als schulterbreit auseinander und weisen etwas nach außen. Die Arme halten Sie geringfügig angehoben vor dem Körper. Spannen Sie die Bauch- und die Gesäßmuskulatur an und halten Sie den Rücken gerade.

Übungsdurchführung:
Beugen Sie die Beine, bis die Oberschenkel etwas tiefer als in der waagrechten Position sind, und schieben Sie gleichzeitig das Gesäß nach hinten. Dann springen Sie nach oben und reißen dabei die Knie zur Brust. Danach bewegen Sie sich wieder in die Kniebeuge und reißen schließlich im Sprung die Fersen zum Gesäß. Wiederholen Sie die Sprünge, indem Sie abwechselnd die Knie zur Brust und die Fersen zum Gesäß ziehen. Achten Sie auf kontrollierte Übungsdurchführung und darauf, dass bei der Beinbeugung die Knie über den Füßen bleiben und die Beinmuskulatur immer angespannt ist.

Variante:
Einsteiger führen die Kniebeuge mit kleinem Bewegungsradius aus.
Fortgeschrittene können einen Gymnastikball in den Händen halten.

A-C: Der Bewegungsablauf mit abwechselnden Sprüngen.

K 28: Einbeinige Kniebeuge mit vorzeigendem Bein (Pistol)

Kräftigung:

★★ Oberschenkel- und Gesäßmuskulatur
★ Waden- und untere Rückenmuskulatur

Ausgangsposition:
Sie stehen aufrecht, ein Fuß und die Arme sind nach vorne gestreckt. Konzentrieren Sie sich auf die Belastung von Fußballen, Fußaußenkante und Ferse, um stabil zu stehen. Spannen Sie die Bauch- und die Gesäßmuskulatur an und halten Sie den Rücken gerade.

Übungsdurchführung:
Beugen Sie langsam das Standbein, bis sich der Oberschenkel etwas tiefer als in der waagrechten Position befindet, und schieben Sie gleichzeitig das Gesäß nach hinten. Achten Sie auf einen geraden Rücken und darauf, dass das Knie über dem Fuß bleibt und nicht nach vorne oder zur Seite ausweicht. Halten Sie kurz die Endposition, wobei Sie die Beinmuskulatur fest anspannen. Dann strecken Sie das Bein und wiederholen schließlich die Übung.

Variante:
Sie können einen Gegenstand von 1-3 Kilogramm in den Händen halten, um die Übung besser auszubalancieren.
Einsteiger führen die Übung mit kleinem Bewegungsradius aus.
Weit Fortgeschrittene können die Übung mit schweren Gegenständen intensivieren. Auch können sie die Übung so tief ausführen, dass das Gesäß fast den Boden berührt.

A-B: Die Ausgangsposition und die Endposition.

A-B: Der Vorwärtstritt aus der einbeinigen Kniebeuge.

K 29: Kicks aus einbeiniger Kniebeuge

Kräftigung:

★★ Oberschenkel- und Gesäßmuskulatur

★ Waden-, Bauch- und untere Rückenmuskulatur

Ausgangsposition:

Sie stehen aufrecht, ein Fuß halten Sie nach hinten gerichtet in der Luft. Konzentrieren Sie sich auf die Belastung von Fußballen, Fußaußenkante und Ferse, um stabil zu stehen. Die Arme halten Sie etwas angehoben vor dem Körper. Spannen Sie die Bauch- und die Gesäßmuskulatur an und halten Sie den Rücken gerade.

Übungsdurchführung:

Beugen Sie langsam das Standbein, bis der Oberschenkel etwas tiefer als in der waagrechten Position ist, und schieben Sie gleichzeitig das Gesäß nach hinten. Dann strecken Sie das Standbein und führen dabei einen Vorwärtstritt mit dem angehobenen Bein aus. Danach wiederholen Sie die Übung. Achten Sie auf gleichmäßige Übungsdurchführung und darauf, dass das Knie über dem Fuß bleibt und die Beinmuskulatur bei der Beinbeugung durchgehend aktiviert ist.

Variante:

Sie können die Tritte in die Luft oder gegen einen Sandsack ausführen.

Einsteiger führen die Kniebeuge beidbeinig aus.

Fortgeschrittene können die Kicks im Sprung machen.

Alternativ können Sie Seittritte, gerade Kniestöße und Halbkreistritte ausführen.

K 30: Gymnastikball anrollen in Schulterbrücke

Kräftigung:

★★ hintere Oberschenkel- und Gesäßmuskulatur

★ vordere Oberschenkel- und untere Rückenmuskulatur

Ausgangsposition:
Sie liegen auf dem Rücken, die Beine sind fast gestreckt und die Fersen sind auf einem Gymnastikball aufgestellt. Die Hände liegen locker neben dem Körper. Spannen Sie die Bauch- und die Gesäßmuskulatur an und die Fersen etwas in den Ball. Heben Sie das Becken so weit hoch, bis Oberschenkel und Rücken in einer Linie sind.

Übungsdurchführung:
Rollen Sie den Gymnastikball mit den Fersen in Richtung Gesäß, wobei Sie das Becken weiter anheben. Halten Sie kurz die Endposition und rollen Sie dann den Ball in die Ausgangsposition zurück. Danach wiederholen Sie die Übung. Achten Sie auf gleichmäßige Übungsdurchführung und auf angespannte Gesäßmuskulatur.

Variante:
Zur Vereinfachung können Sie sich mit den Händen etwas am Boden abstützen.
Weit Fortgeschrittene können die Übung einbeinig ausführen.
Wenn Sie keinen Gymnastikball zur Verfügung haben, machen Sie kleine Schritte mit den Fersen in Richtung Gesäß, wobei das Becken angehoben bleibt.

A-B: Das Anrollen des Gymnastikballs.

C: Die einbeinige Ausführung.

K 31: Indische Kniebeuge (Hindu Squat)

Kräftigung:

★★ Oberschenkel- und Gesäßmuskulatur

★ Waden- und untere Rückenmuskulatur

Ausgangsposition:
Sie stehen aufrecht, die Beine sind leicht gebeugt und die Füße sind etwas weiter als schulterbreit auseinander. Die Arme sind angezogen in Brusthöhe, die Hände sind zu lockeren Fäusten geballt und die Handflächen weisen zum Boden.

Übungsdurchführung:
Beugen Sie langsam die Beine und gehen dabei auf die Zehen. Während der Beugung atmen Sie aus und lassen die Arme locker zum Boden hängen. Dann strecken Sie die Beine, schwingen die Arme nach vorne, atmen ein und ziehen die Hände wieder zum Körper. Achten Sie auf gleichmäßige Übungsdurchführung und darauf, dass die Knie nicht zur Seite ausweichen. Anschließend wiederholen Sie die Übung.

Variante:
Einsteiger führen die Kniebeuge mit kleinem Bewegungsumfang aus. Lernen Sie die Übung zuerst langsam, um die Kniegelenke nicht zu überlasten. Treten dabei Schmerzen auf, nutzen Sie eine andere Übung. Viele Übende berichten aber, dass sich mit dieser Übung ihre Knieprobleme verbessert haben.

A-C: Der Bewegungsablauf.

K 32: Wadensprünge

Kräftigung:
★★ Wadenmuskulatur

Ausgangsposition:
Sie stehen gerade, die Füße sind hüftbreit auseinander und nach vorne gerichtet. Halten Sie die Hände locker an den Hüften und spannen Sie die Bauch- und die Gesäßmuskulatur an.

Übungsdurchführung:
Bewegen Sie die Fersen schnell vom Boden hoch und springen dabei über die Wadenmuskulatur vom Boden ab. Dann kommen Sie wieder auf dem Fußballen auf und wiederholen den Absprung. Achten Sie auf gleichmäßige Sprünge und darauf, dass die Bewegung ausschließlich über die Kraft der Wadenmuskulatur erfolgt.

Variante:
Weit Fortgeschrittene machen die Übung einbeinig.

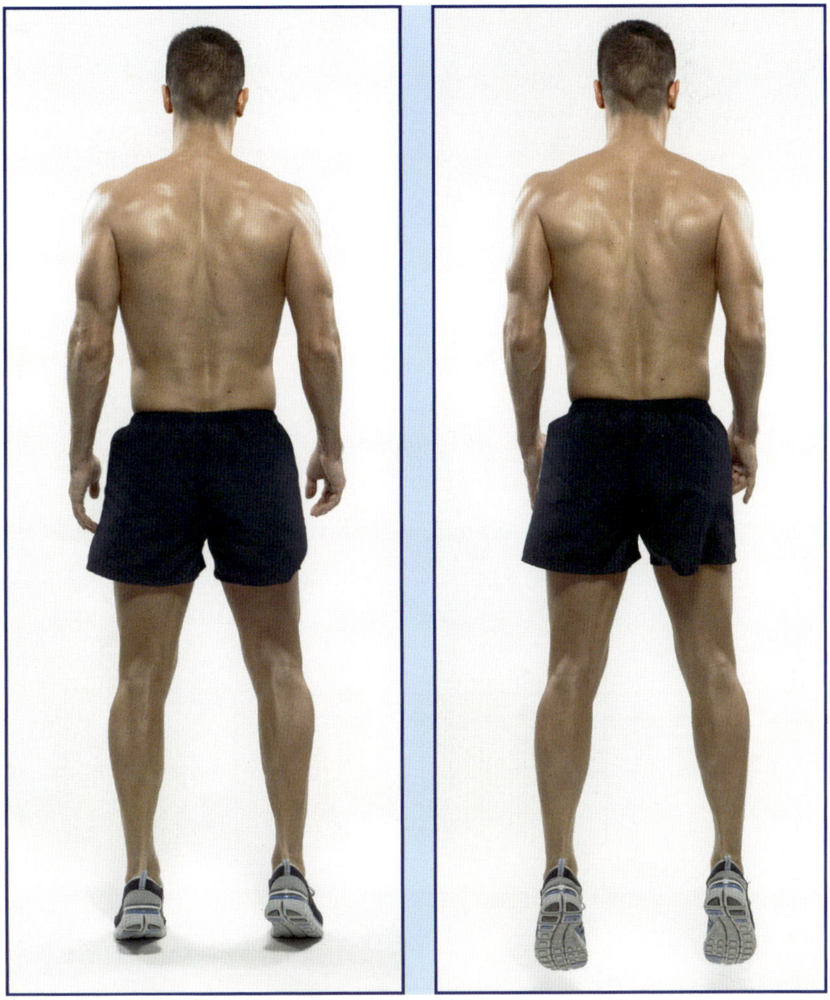

A-B: Die Ausgangsposition und die Endposition.

A-C: Die Ausgangsposition und Sprünge nach rechts und nach links vorne.

K 33: Ausfallschritte im Liegestütz (Mountain Climbers)

Kräftigung:

- Oberschenkel-, Gesäß-, Waden-, Brust-, Bauch- und untere Rückenmuskulatur

Ausgangsposition:
Sie befinden sich in der Liegestützposition. Stützen Sie sich mit den Händen so ab, dass sich die Ellbogen unter den Schultergelenken befinden. Der Kopf ist etwas angehoben. Spannen Sie die Bauch- und die Gesäßmuskulatur an und halten Sie den Rücken gerade.

Übungsdurchführung:
Springen Sie mit dem rechten Fuß nach außen vorne neben die rechte Hand. Dann springen Sie mit dem linken Fuß nach außen vorne neben die linke Hand und strecken gleichzeitig das rechte Bein in die Ausgangsposition zurück. Danach springen Sie wieder mit dem rechten Fuß nach vorne und strecken das linke Bein. Achten Sie auf geraden Rücken und darauf, dass Sie die Bewegungen gleichmäßig ausführen. Anschließend wiederholen Sie die Sprünge.

K 34: Kniebeuge und Strecken

Kräftigung:

★★ Oberschenkel-, Gesäß- und Wadenmuskulatur

★ Bauch- und untere Rückenmuskulatur

Ausgangsposition:
Sie stehen im aufrechten Stand. Die Beine sind leicht gebeugt, die Füße sind etwas weiter als schulterbreit auseinander und weisen leicht nach außen. Die Hände hängen locker an den Körperseiten.

Übungsdurchführung:
Bewegen Sie sich zuerst in die Kniebeuge, wobei Sie die Fersen etwas vom Boden abheben und die Hände nach vorne auf den Boden bringen. Dann richten Sie den Körper auf und strecken gleichzeitig die Hände nach oben. Dabei heben sich die Fersen weit vom Boden ab. Achten Sie auf gleichmäßige Übungsdurchführung und darauf, dass die Knie nicht nach innen oder außen ausweichen und die Beinmuskulatur bei der Beugung durchgehend aktiviert ist. Anschließend wiederholen Sie die Übung.

Variante:
Sie können die Übung mit Kurzhanteln von ein bis drei Kilogramm intensivieren.
Fortgeschrittene können beim Aufrichten hoch vom Boden abspringen. Achten Sie bei dieser Variante darauf, dass Sie wieder kontrolliert auf dem Boden aufkommen, um die Übung kontinuierlich fortführen zu können.

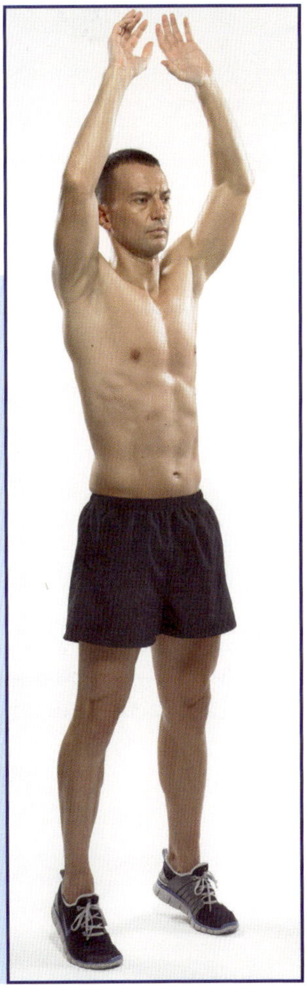

A-C: Der Bewegungsablauf.

5. Ganzkörperübungen

A-D: Der Bewegungsablauf

K 35: Kniebeuge und Liegestütz (Burpees)

Kräftigung:

★★ Oberschenkelmuskulatur, insbesondere vorderer Anteil, Brust- und Gesäßmuskulatur

★ Waden-, vordere Schulter- und hintere Oberarmmuskulatur

Ausgangsposition:
Sie stehen im aufrechten Stand mit leicht gebeugten Beinen. Die Füße sind etwas weiter als schulterbreit auseinander und weisen leicht nach außen. Die Hände hängen locker an den Körperseiten.

Übungsdurchführung:
Bewegen Sie sich zuerst in die Kniebeuge, wobei Sie die Fersen etwas vom Boden abheben und die Hände nach vorne auf den Boden bringen. Dann springen Sie mit den Füßen nach hinten in die Liegestützposition und machen einen Liegestütz. Danach springen Sie wieder vor und schließlich in die Ausgangsposition zurück. Anschließend wiederholen Sie die Übung. Achten Sie auf gleichmäßige Übungsdurchführung und darauf, dass die Knie nicht nach innen oder außen ausweichen.

Variante:
Sie können die Burpees intensivieren, indem Sie beim Hochspringen die Arme über den Kopf strecken oder statt dem Standart-Liegestütze einen indischen Liegestütz ausführen.

K 36: Sandsack anheben

Kräftigung:

★★ untere Rücken-, Oberschenkel- und Gesäßmuskulatur

★ Unterarm-, obere Rücken-, vordere und hintere Oberarm-, Unterarm-, Waden-, Brust- und Nackenmuskulatur

Ausgangsposition:
Sie stehen aufrecht, die Beine sind leicht gebeugt, die Füße sind etwas weiter als schulterbreit auseinander und weisen nach außen. Zwischen den Beinen ist ein Sandsack abgelegt. Beugen Sie die Beine, wozu Sie das Gesäß nach hinten schieben, und umgreifen Sie den Sandsack mit den Unterarmen. Spannen Sie die Bauch- und die Gesäßmuskulatur an und halten Sie den Rücken gerade.

Übungsdurchführung:
Heben Sie den Sandsack in die Höhe, wobei Sie die Beine strecken. Legen Sie den Sack kurz auf der Schulter ab und drücken ihn dann nach oben in die Luft. Danach bringen Sie den Sack erst wieder auf die Schulter, bevor Sie ihn kontrolliert auf dem Boden ablegen. Achten Sie darauf, dass die Bauchmuskulatur durchgehend angespannt ist und der Rücken gerade bleibt. Anschließend wird die Übung wiederholt.

Variante:
Einsteiger können die Übung mit einem Medizinball ausführen. Außerdem können sie die Übung vereinfachen, indem sie das Drücken über die Schultern weglassen.
Weit Fortgeschrittene legen den Sack weder auf dem Boden noch auf den Schultern ab.

A-C: Der Bewegungsablauf.

A-C: Der Bewegungsablauf.

K 37: Bein anziehen und Liegestütz auf Gymnastikball

Kräftigung:

- ★★ vordere und seitliche Bauch-, Brust-, hintere Oberarm und untere Rückenmuskulatur
- ★ Schulter- und vordere Oberschenkelmuskulatur

Ausgangsposition:
Sie befinden sich in der Liegestützposition, wobei die Unterschenkel auf einem Gymnastikball positioniert sind. Stützen Sie sich mit den Händen so ab, dass sich die Ellbogen unter den Schultergelenken befinden. Spannen Sie die Bauch- und die Gesäßmuskulatur an und halten Sie den Rücken gerade.

Übungsdurchführung:
Ziehen Sie die gestreckten Beine zur Brust und rollen Sie dadurch den Gymnastikball nach vorne. Das Gesäß bewegt sich dabei nach oben. Halten Sie kurz die Position. Nun rollen Sie den Ball langsam in die Ausgangsposition zurück und führen einen Liegestütz aus. Anschließend wiederholen Sie die Übung. Achten Sie darauf, dass Sie das Anziehen der Beine und den Liegestütz als gleichmäßige Bewegung ausführen und darauf, dass der Rücken gerade bleibt.

Variante:
Sie können die Übung vereinfachen, indem Sie die Knie anziehen.
Wenn Sie keinen Gymnastikball zur Verfügung haben, können Sie die Füße auf ein gefaltetes Handtuch aufstellen und die Übung auf einem glatten Boden ausführen.

K 38: Liegestützlauf auf Gymnastikball

Kräftigung:

- ★★ vordere und seitliche Bauch-, Brust-, hintere Oberarm- und untere Rückenmuskulatur
- ★ Schulter- und vordere Oberschenkelmuskulatur

Ausgangsposition:
Sie befinden sich in der Liegestützposition, wobei die Füße auf einem Gymnastikball positioniert sind. Stützen Sie sich mit den Händen so ab, dass sich die Ellbogen unter den Schultergelenken befinden. Spannen Sie die Bauch- und die Gesäßmuskulatur an, die Schultern nach hinten unten und halten Sie den Rücken gerade.

Übungsdurchführung:
Rollen Sie zuerst den Gymnastikball nach vorne, wozu Sie die Knie zur Brust ziehen. Machen Sie dann mit den Händen einige Schritte vorwärts, bis die Beine wieder gestreckt sind. Nun führen Sie zehn Liegestütze aus und rollen danach den Ball weiter nach vorne. Diese Folge führen Sie über mindestens fünf Meter hinweg aus.

Variante:
Fortgeschrittene können nach einigen Metern vorwärts den Liegestützlauf rückwärts ausführen.
Wenn Sie keinen Gymnastikball zur Verfügung haben, machen Sie die Übung auf dem Boden, was allerdings die Übungsintensität verringert.

A-D: Der Liegestützlauf.

Teil IV: Die Fighter-Workouts

In diesem Kapitel erfahren Sie die Grundlagen zur Trainingsplanung. Sie werden darüber informiert, wie ein Workout in die Phasen „Aufwärmen“, „Hauptteil“ und „Abwärmen“ einzuteilen ist.
Danach werden Workouts für unterschiedliche Trainingsziele vorgestellt. Sie lernen Workouts kennen, mit denen Sie Ihre Kampfsport- und Selbstverteidigungsfähigkeiten gezielt fördern. Außerdem werden Programme für Kampfsportler vorgestellt, um die Ausdauer und Kraft zu verbessern. Nutzen Sie diese Workouts als Grundlage für Ihre Trainingsplanung und passen Sie diese an Ihre individuellen Bedürfnisse an.

TOP TEN
FIGHT

1. Aufbau eines Workouts

Jedes Training, gleich in welcher Sportart, ist in die Phasen „Aufwärmen", „Hauptteil" und „Abwärmen" gegliedert. Bauen Sie auch die Workouts im Kampfsport-Solotraining entsprechend auf. Die Dauer und die Gestaltung der Phasen sind abhängig von Schwerpunkt, Gesamtdauer und Intensität des Trainings.

Aufwärmphase

In der Aufwärmphase bereiten Sie den Körper auf das Training vor. Dazu müssen Sie sich zuerst aufwärmen und dehnen.

Aufwärmübung

Beginnen Sie das Workout mit einer Aufwärmübung über die Dauer von fünf bis zehn Minuten. Wählen Sie eine Übung, die sich in gleichmäßiger Geschwindigkeit durchführen lässt, ohne dabei außer Atmen zu kommen. Vermeiden Sie Extremsituationen und führen Sie keine schnellen und ruckartigen Bewegungen aus. In dieser Phase geht es darum, den Körper auf das Training einzustimmen, und nicht darum, bereits Leistung zu erbringen. Sie können sich beispielsweise mit „Laufen auf der Stelle" oder „Hampelmännern" aufwärmen. Als Trainingsgeräte können Sie Radergometer, Sprungseil oder Stepper nutzen.

Dehnübungen

Nachdem Sie Ihren Körper aufgewärmt haben, beginnen Sie mit den Dehnübungen. Grundsätzlich ist es sinnvoll, zumindest zweimal wöchentlich alle Muskelgruppen zu dehnen. Empfehlenswert ist es, ein Ganzkörperprogramm aus Dehnübungen vor dem Workout zu machen (siehe S. 96-98). Am besten dehnen Sie alle Muskelgruppen und die Schwachstellen intensiv. Um die Dauer des Workouts zu verkürzen, genügt es aber auch, nur die Muskelgruppen zu dehnen, die im Workout vorrangig gekräftigt werden. Einige Personen verzichten zwecks Zeitersparnis vollständig auf das Dehnen in der Aufwärmphase. Dies ist nicht empfehlenswert, da Muskelverspannungen Bewegungseinschränkungen verursachen können, die insbesondere bei intensiven Übungen die Verletzungsgefahr erhöhen. Außerdem ist ohne vorheriges Dehnen der Körper nicht optimal auf die bevorstehende Tätigkeit vorbereitet und kann keine Höchstleistungen erbringen. Für das vorbereitende Dehnen einzelner Muskelgruppen sollten Sie eine Dauer von mindestens fünf Minuten vorsehen. Sie können diese Phase jedoch beliebig verlängern, insbesondere dann, wenn Sie Ihre Beweglichkeit gezielt verbessern möchten.

Hauptteil

Auf die Aufwärmphase folgt der Hauptteil des Solotrainings. Einsteiger müssen sich erst an die neuen Anforderungen gewöhnen und dürfen den Körper nicht überlasten. In den Workouts wird angegeben, wie viele Wiederholungen und Sätze auszuführen sind. Dabei wird auch bei der Trainingsgruppe „Einsteiger" von sportlichen Personen ausgegangen. Die Workouts

enthalten teilweise sehr intensive Übungen, mit denen Sie den Körper optimal trainieren, vorausgesetzt Sie führen die Übungen korrekt aus. Wenn Ihnen die Vorschläge der Kraft-Workouts zu anspruchsvoll sind, machen Sie weniger Wiederholungen und nutzen Sie weniger intensive Übungen. Einsteiger führen für jede Übung zwei Sätze aus; Fortgeschrittene drei Sätze. Wählen Sie eine solche Übungsvariante, mit der Sie die angegebene Wiederholungszahl erreichen. Sie finden bei allen Übungen Varianten, die ein Training ohne Zusatzgeräte wie Gymnastikball und Therapiekreisel ermöglichen. Allerdings verbessern diese Geräte die Trainingseffekte, weshalb sich der Kauf nach einiger Trainingszeit empfiehlt. Zur Intensivierung der Workouts erhöhen Sie die Wiederholungen und die Sätze und ergänzen die Workouts mit weiteren Übungen. Trainingsvarianten finden Sie in dem Buch „Bodyweight-Training“ (Delp 2007).
Für die statischen Übungen finden Sie bei den Übungsbeschreibungen Angaben zur Haltedauer mit maximaler Anspannung. Versuchen Sie, diese Zeitangaben durch Schätzen oder lautloses Mitzählen ungefähr zu erreichen. Die Angaben sind jedoch nicht so zu verstehen, dass Sie diese genau mit einem Sekundenzähler kontrollieren müssen.
Generell sind die Angaben nur als Richtwerte zu verstehen. Passen Sie diese an Ihre individuelle Leistungsfähigkeit an. Weitere Informationen zu den Trainingsmethoden finden Sie auf den Seiten 46-51.

Abwärmphase

In der Abwärmphase wird das Training mit dem Abwärmen und einigen Dehnübungen für die beanspruchten Muskelgruppen abgeschlossen.

Abwärmübung

Nach einer Trainingseinheit sollten Sie sich abwärmen, um die Muskulatur zu lockern. Außerdem hilft dies dem Körper, schnell zu regenerieren. Bewegen Sie sich dazu in einem langsamen Tempo einige Minuten lang, ohne sich anzustrengen. Gut eignen sich Bewegungen, die Sie mit langsamer und gleichmäßiger Geschwindigkeit ausführen können, wie beispielsweise Walken oder langsames Laufen, was auch auf der Stelle oder in einem kleinen Kreis möglich ist. Führen Sie die Übung für eine Dauer von etwa fünf Minuten aus.

Dehnübungen

Zum Abschluss des Workouts empfiehlt es sich, noch einige Dehnübungen für die beanspruchte Muskulatur zu machen. Dazu genügt das Ausführen der 1. Dehnphase. Einige Aktive verzichten jedoch zur Zeitersparnis auf das Dehnen, was am nächsten Tag dazu führen kann, dass sich die Muskulatur deutlich verspannt anfühlt.
Bewegen Sie sich beim abschließenden Dehnen in keine extremen Dehnpositionen, da die Muskulatur ermüdet ist und deshalb zu Krämpfen neigt. Halten Sie die Dehnposition für 10-20 Sekunden und erweitern danach die Position nicht mehr. Das Dehnen am Trainingsende dient dazu, Verspannungen in der Muskulatur zu lösen, die Regenerationsprozesse zu beschleunigen und zu verhindern, dass sich die Muskulatur verkürzt.

Dehnprogramm-Ganzkörper

Sie können dieses Ganzkörper-Dehnprogramm nutzen, um sich auf das Training vorzubereiten. Sie können aber auch die Dauer verkürzen, indem Sie nur die Muskelgruppen dehnen, die im Haupttrainingsteil vorrangig trainiert werden. Führen Sie jede Dehnübung des Ganzkörper-Programms einmal aus, bei deutlich verspannter Muskulatur zweimal. Dehnen Sie immer die linke und die rechte Körperseite. Achten Sie beim Dehnen darauf, dass Sie gleichmäßig atmen, sich auf die Zielmuskulatur konzentrieren und diese entspannen. Zuerst nehmen Sie vorsichtig eine Position ein, in der Sie einen leichten Dehnreiz spüren. Halten Sie diese Stellung für etwa 20 Sekunden und entspannen Sie bewusst den Muskel, wodurch sich die Dehnspannung verringert. Anschließend erweitern Sie die Position, bis Sie einen erneuten Reiz spüren. Halten Sie auch diese Position für etwa 20 Sekunden. Zum Abschluss bewegen Sie sich vorsichtig aus der Dehnposition heraus.
Ausführliche Informationen zu Dehnübungen und Dehnprogrammen finden Sie in dem Buch „Best Stretching – Dehnübungen für alle Sportarten" (Delp 2005).

A: Dehnung der Hals- und Nackenmuskulatur. Legen Sie den Kopf zur linken Seite ab und ziehen Sie den rechten Arm nach unten. Die Dehnung können Sie intensivieren, indem Sie mit der linken Hand über den Kopf greifen und ihn nach unten drücken.

B: Dehnung der Brust- und der vorderen Oberarmmuskulatur. Sie stehen aufrecht, die Beine sind hüftbreit auseinander und die Arme sind u-förmig angehoben. Schieben Sie den Brustkorb vor und bewegen Sie gleichzeitig die Arme nach hinten, bis Sie einen leichten Dehnreiz spüren.

A

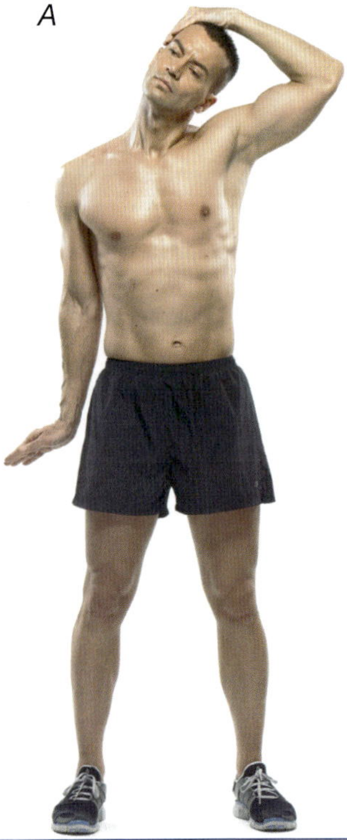

B

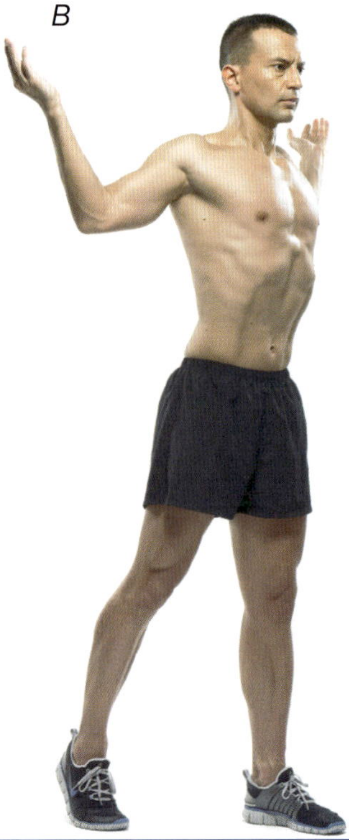

C

C: Dehnung der oberen Rücken-, der äußeren Arm- und der Schultermuskulatur. Führen Sie die Finger ineinander und strecken Sie die Arme zuerst nach vorne, wobei Sie die Handinnenflächen vom Körper wegdrehen und den Rücken lang machen. Dann führen Sie die Arme nach oben und strecken gleichzeitig den Körper mit.

D: Dehnung der Schulter- und der oberen Rückenmuskulatur. Führen Sie die Hände gekreuzt in Richtung der Schulterblätter. Die Oberarme bleiben dabei in waagrechter Position. Geübte halten sich an den Schulterblatträndern fest.

E: Dehnung der Schulter-, der Brust- und der Armmuskulatur. Der rechte Unterarm hängt hinter dem Kopf nach unten, wobei sich der Oberarm etwa in senkrechter Position befindet. Nun drücken Sie mit der linken Hand gegen den rechten Ellbogen und schieben so den Arm gerade nach unten.
Nachdem Sie in der ersten Position gedehnt haben, halten Sie den rechten Arm in dieser Stellung. Danach führen Sie langsam den linken Unterarm hinter dem Rücken von unten nach oben, bis sich beide Hände greifen können.

F: Dehnung der Hüftbeuge- und der vorderen Oberschenkelmuskulatur. Im Stand bringen Sie einen Fuß aus eigener Kraft soweit wie möglich zum Gesäß. Greifen Sie dann den Fuß und ziehen ihn weiter in Richtung Gesäß, bis Sie einen leichten Dehnreiz spüren. Drücken Sie dabei bewusst die Hüfte nach vorne.

D

E

F

G: Dehnung der hinteren Oberschenkel-, der Waden- und der Rückenmuskulatur. Aus dem geraden Stand stellen Sie ein Bein etwas nach vorne und beugen das hintere Bein ein wenig. Schieben Sie nun die Hüfte nach vorne und bewegen Sie gleichzeitig den Oberkörper nach vorne, bis Sie einen leichten Dehnreiz spüren.

H: Dehnung der inneren und der hinteren Oberschenkel- und der Rückenmuskulatur. Im Stand spreizen Sie die Beine nach außen, bis Sie eine leichte Dehnspannung spüren. Achten Sie darauf, dass die Hüfte nicht nach hinten ausweicht. Bewegen Sie nun den Oberkörper zum rechten Bein, zur Mitte und zum linken Bein. Halten Sie jede dieser Positionen für einige Sekunden.

I: Dehnung der Gesäß-, der äußeren Oberschenkel- und der Rückenmuskulatur. Sie sitzen mit gestreckten Beinen auf dem Boden. Stellen Sie zuerst das rechte Bein möglichst nah am Gesäß über das linke Bein. Drücken Sie dann das rechte Knie mit dem linken Ellbogen nach außen. Zusätzlich können Sie das gestreckt liegende Bein einknicken, um die Dehnposition zu intensivieren.

H

G

I

2. Ausgewählte Workouts

Auf den folgenden Seiten werden Workouts vorgestellt, die Sie zum Solotraining einsetzen können. Die Workouts sind möglichst kurz gehalten, damit Sie diese oft ausführen können und den Körper nicht so intensiv belasten, dass er eine lange Regenerationspause benötigt. Um die Workouts zu verlängern, erhöhen Sie die Satzzahlen oder führen Sie zwei unterschiedliche Workouts hintereinander aus. Integrieren Sie die Workouts in Ihr Trainingsprogramm und passen Sie diese an Ihre Anforderungen an.

Beachten Sie, dass Sie das gleiche Workout nicht an zwei Tagen hintereinander ausführen. Auch empfiehlt es sich, an einem Tag in der Woche vollständig zu pausieren, insbesondere dann, wenn Sie an den anderen Wochentagen intensiv trainieren. Achten Sie darauf, dass Sie nach einem Trainingszyklus von sechs bis zwölf Wochen Umstellungen am Programm vornehmen, damit der Körper immer neu gefordert wird und keine Leistungsstagnation eintritt.

Zu den Workouts

Die Workouts sind so zusammengestellt, dass mit möglichst wenigen Übungen und somit geringer Zeitspanne die Trainingsziele verwirklicht werden. Sie können die Workouts mit Übungen aus diesem Buch erweitern, um die Anforderungen zu steigern.

Nutzen Sie die Workouts als Grundlage für Ihr Training und passen sie diese mit wachsender Trainingserfahrung an Ihre individuellen Bedürfnisse an. Beachten Sie bei der Zusammenstellung von eigenen Workouts zur Körperkräftigung, dass jede Muskelgruppe zumindest einmal pro Woche intensiv gekräftigt werden muss, um das Leistungsniveau aufrechtzuerhalten.

Workout A: Boxer

Aufwärmen mit lockerem Seilspringen zirka 5 Minuten
Dehnen
1. Runde: vordere und hintere Gerade
2. Runde: vorderer und hinterer Seithaken
3. Runde: vorderer und hinterer Aufwärtshaken
4. Runde: Angriff und Verteidigung gegen imaginären Gegner
Abwärmen mit lockerem Seilspringen zirka 3-5 Minuten
Dehnen

Sie können das Workout am Sandsack oder in die Luft ausführen. Stellen Sie sich dabei vor, Sie würden gegen einen imaginären Gegner kämpfen.

Jede Runde dauert drei Minuten. Pausieren Sie eine Minute zwischen den Runden. Am Ende einer jeden Runde erhöhen Sie das Tempo. Im Solotraining sind Zeitvorgaben schwierig einzuhalten. Sie können deshalb auch eine CD mit Ihren Lieblingsliedern zusammenstellen, wobei jedes Lied eine Länge von zirka drei Minuten haben sollte, jedoch nicht mehr als vier Minuten. Eine Runde wird über die Dauer eines Liedes hinweg ausgeführt. Danach halten Sie kurz die CD an, um etwa eine Minute zu pausieren. Schließlich beginnen Sie mit der nächsten Runde für die Dauer eines Liedes.

In der ersten Runde führen Sie erst vordere Geraden und dann hintere Geraden aus. In der zweiten Runde beginnen Sie mit vorderen Seithaken und machen dann hintere Seithaken. In der dritten Runde üben Sie erst vordere Aufwärtshaken und dann hintere Aufwärtshaken. Statt einzelner Techniken können Fortgeschrittene auch Kombinationen einsetzen, z. B.:

Runde 1: vordere Gerade, hintere Gerade, vordere Gerade

Runde 2: vordere Gerade, hintere Gerade, vorderer Seithaken

Runde 3: vordere Gerade, vorderer Aufwärtshaken, hintere Gerade.

In der vierten Runde kämpfen Sie gegen den imaginären Gegner mit Angriffs- und Verteidigungstechniken.

Das Programm hat eine Dauer von zirka 25-30 Minuten. Ist Ihnen das nicht intensiv genug, ergänzen Sie weitere Runden mit Inhalten, die für Ihr Training wichtig sind.

Workout B: Thai-Boxer

Aufwärmen mit lockerem Seilspringen zirka 5 Minuten
Dehnen
1. Runde: vordere und hintere Schlagtechnik
2. Runde: vordere und hintere Ellbogentechnik
3. Runde: vordere und hintere Kicktechnik
4. Runde: vordere und hintere Knietechnik
5. Runde: Angriff und Verteidigung gegen imaginären Gegner
Abwärmen mit lockerem Seilspringen zirka 3-5 Minuten
Dehnen

Sie können das Workout am Sandsack oder in die Luft ausführen. Stellen Sie sich dabei vor, Sie würden gegen einen imaginären Gegner kämpfen.

Jede Runde dauert drei Minuten oder solange wie ein Lieblingslied. Pausieren Sie eine Minute zwischen den Runden. Am Ende einer jeden Runde erhöhen Sie das Tempo.

In der ersten Runde wiederholen Sie erst eine vordere Schlagtechnik und dann eine hintere Schlagtechnik. In der zweiten Runde machen Sie erst eine vordere Ellbogentechnik und dann eine hintere Ellbogentechnik. In der dritten Runde üben Sie erst eine vordere Kicktechnik und dann eine hintere Kicktechnik. In der vierten Runde wiederholen Sie erst eine vordere Knietechnik und dann eine hintere Knietechnik. Statt einzelner Techniken können Fortgeschrittene auch Kombinationen einsetzen, z. B.:

Runde 1: vordere Gerade, hintere Gerade, vorderer Aufwärtshaken

Runde 2: vordere Gerade, vorderer Aufwärtshaken, hinterer Seitellbogen von oben

Runde 3: vorderer Vorwärtstritt, vorderer Halbkreistritt, hinterer Halbkreistritt

Runde 4: vordere Gerade, hintere Gerade, hinterer Kniestoß

In der fünften Runde kombinieren Sie Angriffs- und Verteidigungstechniken.

Das Programm hat eine Dauer von zirka 30-35 Minuten. Ist Ihnen das Programm nicht intensiv genug, ergänzen Sie weitere Runden mit Inhalten, die für Ihr Training wichtig sind.

Workout C: Selbstverteidigung

Lockeres Ausführen von Kampftechniken in die Luft zum Aufwärmen
1. Beidseitiger Ohrenschlag, 15 Wdh. mit linker und rechter Hand
2. Handballenstoß, 15 Wdh. mit linker und rechter Hand
3. Handkantenschlag, 15 Wdh. mit linker und rechter Hand
4. Fingerknöchelschlag, 15 Wdh. mit linker und rechter Hand
5. Fingerkralle, 15 Wdh. mit linker und rechter Hand
6. Ellbogentechnik, 15 Wdh. mit linkem und rechtem Ellbogen
7. Kicktechnik zum Unterleib, 15 Wdh. mit linkem und rechtem Bein
8. Knietechnik zum Unterleib, 15 Wdh. mit linkem und rechtem Knie
9. Angriff und Verteidigung gegen imaginären Gegner aus Selbstverteidigungsstellung
10. Angriff und Verteidigung gegen imaginären Gegner aus verschiedenen Positionen
Abwärmen und Dehnen

In einer Selbstverteidigungssituation ist kein Aufwärmen möglich. Deshalb wird in diesem Workout auf ein ausführliches Aufwärmprogramm verzichtet und stattdessen Kampftechniken für einige Minuten locker in die Luft ausgeführt. Sie können sich aber auch erst fünf Minuten mit lockerem Seilspringen und einigen Dehnübungen aufwärmen.

Das Workout kann am Sandsack oder in die Luft ausgeführt werden. Stellen Sie sich dabei vor, dass Sie gegen einen imaginären Gegner kämpfen. Am Sandsack können Sie Trefferziele mit einem Tape markieren.

Führen Sie zwei bis drei Durchgänge für die Übungen 1-8 aus. Gehen Sie nach einem Durchgang für eine Übung direkt zur nächsten Übung über. Nach der 8. Übung beginnen Sie wieder mit der 1. Übung, bis Sie schließlich alle Durchgänge gemacht haben.

Die Übungen 9-10 führen Sie jeweils drei bis sechs Minuten aus, beispielsweise für die Dauer von zwei Liedern. Bei der Übung 9 können Sie alle möglichen Selbstverteidigungstechniken einsetzen. Bei der Übung 10 stellen Sie sich vor, dass Sie der Gegner überraschend angreift, beispielsweise von der Seite oder von hinten. Reagieren Sie und verteidigen Sie sich aus der für Sie ungünstigen Position. Üben Sie auch, Techniken von einem Stuhl und in Bodenlage auszuführen.

Das Programm hat eine Dauer von zirka 30 Minuten. Ist Ihnen das Programm nicht intensiv genug, ergänzen Sie Techniken und erhöhen die Wiederholungszahlen.

Workout D: Ganzkörper Basic

Aufwärmübung und Dehnen

1. K 3: Indischer Liegestütz
2. K 4: Rudern und Liegestütz
3. K 8: Klimmzug mit Beine anheben oder Klimmzug mit vorzeigenden Handrücken
4. K 26: Gewicht anheben in breiter Kniebeuge oder K 25: Beidbeinige Kniebeuge
5. K 24: Bein heben (mit oder ohne Kreisel)
6. K 12: Crunch mit Drehung oder K 13: Reverse Crunch mit Drehung
7. K 17: Arme und Beine anheben (mit oder ohne Gymnastikball)

Abwärmübung und Dehnen

Einsteiger	2 Sätze	5-10 Wdh. je Satz /
		K 4 + K 26: 10-20 Wdh. je Satz /
		K 17: 30-60 Sek. je Satz
Fortgeschrittene	3 Sätze	10-20 Wdh. je Satz /
		K 17: 60-120 Sek. je Satz

K3

K4

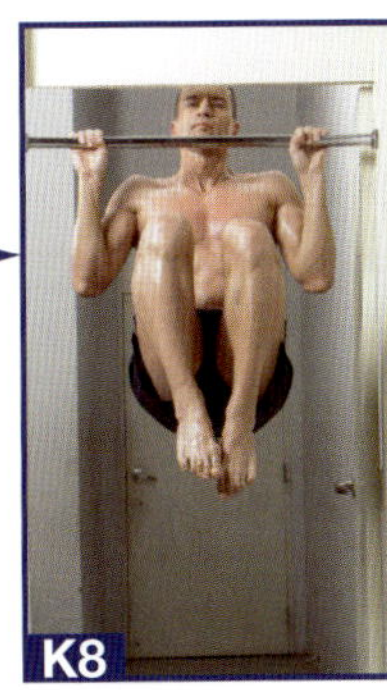
K8

K26

K24

K12

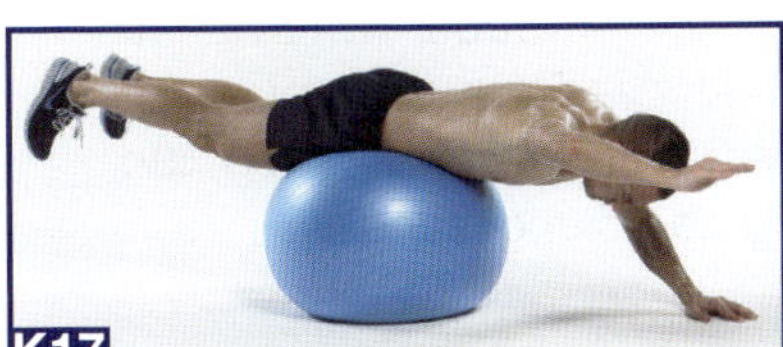
K17

Workout D
K 3, K 4, K 8, K 26, K 24, K 12, K 17

Workout E: Bodyweight Cardio

Aufwärmen mit Seilspringen und Dehnen

1. K 31: Indische Kniebeuge
2. K 33: Ausfallschritte im Liegestütz (Mountain Climbers)
3. K 3: Indischer Liegestütz
4. K 35: Kniebeuge und Liegestütz (Burpees) oder K 34: Kniebeuge und Strecken
5. K 13: Reverse Crunch mit Drehung oder K 15: Unterarmstütz auf Gymnastikball

Abwärmübung und Dehnen

Einsteiger	2 Sätze	20-30 Wdh. je Satz /
		K 13: 30-60 Sek. je Satz
Fortgeschrittene	3 Sätze	30-100 Wdh. je Satz /
		K 13: 60-120 Sek. je Satz

Workout E
K 31, K 33, K 3, K 35, K 13

Workout F: Schlag- und Griffkraft

Aufwärmübung und Dehnen

1. K 1: Faust-Liegestütz oder K 2: Liegestütz mit Füßen auf Gymnastikball
2. K 5: Handstand-Liegestütz
3. K 7: Handtuch-Klimmzug
4. K 6: Dips (mit oder ohne Gymnastikball)
5. K 37: Bein anziehen und Liegestütz oder K 38: Liegestützlauf (mit oder ohne Ball)
6. K 18: Handgelenk-Curl oder K 20: Greifen
7. K 19: Handgelenk-Curl reverse oder K 21: Fingerstrecken

Abwärmübung und Dehnen

Einsteiger	2 Sätze	5-10 Wdh. je Satz /
		K 1: 10-30 Wdh.
Fortgeschrittene	3 Sätze	10-20 Wdh. je Satz /
		K 1: 30-100 Wdh.

K1

K5

K7

Workout F
K 1, K 5, K 7, K 6, K 37, K 18, K 19

K6

K37

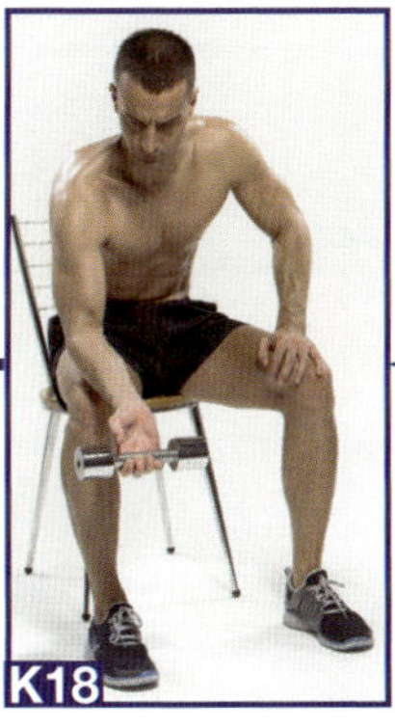
K18

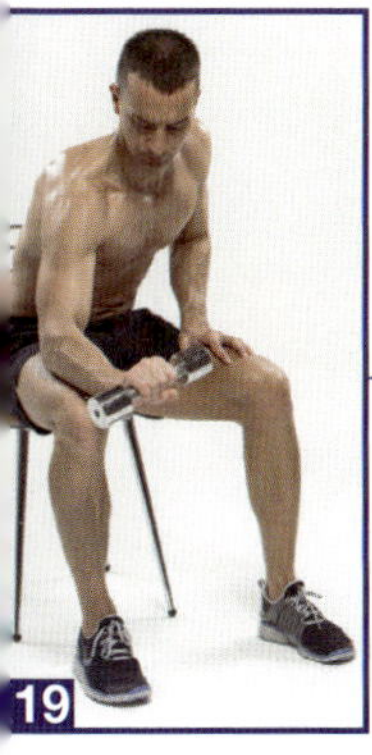
19

Workout G: Explosive Kicks

Aufwärmübung und Dehnen

1. K 23: Einbeinstand oder K 24: Bein heben (mit oder ohne Kreisel)
2. K 27: Im Sprung aus beidbeiniger Kniebeuge abwechselnd Knie und Fersen anziehen
3. K 29: Kicks aus einbeiniger Kniebeuge
4. K 25: Beidbeinige Kniebeuge oder K 26: Gewicht anheben in breiter Kniebeuge
5. K 32: Wadensprünge
6. K 30: Schulterbrücke (mit oder ohne Gymnastikball)

Abwärmübung und Dehnen

Einsteiger	2 Sätze	5-10 Wdh. je Satz
Fortgeschrittene	3 Sätze	10-20 Wdh. je Satz

Workout G
K 23, K 27, K 29, K 25, K 32, K 30

Workout H: Nehmerqualitäten

Aufwärmübung und Dehnen
1. K 36: Sandsack anheben oder K 26: Gewicht anheben in breiter Kniebeuge
2. K 9: Kopf spannen oder K 10: Front Bridge
3. K 11: Bauchroller intensiv oder K 15: Unterarmstütz (mit oder ohne Gymnastikball)
4. K 13: Reverse Crunch mit Drehung oder K 12: Crunch mit Drehung
5. K 16: Seitliches Körperanheben (mit oder ohne Gymnastikball)
6. K 17: Arme und Beine anheben (mit oder ohne Gymnastikball)
Abwärmübung und Dehnen

Einsteiger	2 Sätze	5-10 Wdh. je Satz /
		K 13 + K 17: 30-60 Sek. je Satz
Fortgeschrittene	3 Sätze	10-20 Wdh. je Satz /
		K 13 + K 17: 60-120 Sek. je Satz

Workout H
K 36, K 9, K 11, K 13, K 16, K 17

Workout I: Ganzkörper intensiv

Aufwärmübung und Dehnen
1. K 2: Liegestütz mit Füßen auf Gymnastikball oder K 3: Indischer Liegestütz
2. K 5: Handstand-Liegestütz
3. K 7: Handtuch-Klimmzug
4. K 28: Einbeinige Kniebeuge mit vorzeigendem Bein (Pistol)
5. K 11: Bauchroller intensiv oder K 14: Beine anheben im Hang
6. K 30: Schulterbrücke (mit Gymnastikball und/oder einbeinig)
Abwärmübung und Dehnen

Einsteiger	2 Sätze	5-10 Wdh. je Satz
Fortgeschrittene	3 Sätze	10-20 Wdh. je Satz

Workout I
K 2, K 5, K 7, K 28, K 11, K 30

Literaturverzeichnis

Christensen, L. W.: Solotraining 2, Wethersfield (USA), 2005.
Delp, C.: Bodyweight-Training, Stuttgart 2007.
Delp, C.: Kickboxen perfekt, Stuttgart 2006.
Delp, C.: Das große Fitnessbuch, Stuttgart 2006.
Delp, C.: Kickboxen basics, Stuttgart 2006.
Delp, C.: Sixpack-Trainer, Stuttgart 2006.
Delp, C.: Best Stretching. Dehn-Übungen für alle Sportarten, Stuttgart 2005.
Delp, C.: Fitness für Kampfsportler, Stuttgart 2005.
Delp, C.: Fitness für Männer, Stuttgart 2005.
Delp, C.: Perfektes Hanteltraining, Stuttgart 2005.
Delp, C.: Selbstverteidigung verständlich gemacht, München 2005.
Delp, C.: Thaiboxen basics, Stuttgart 2005.
Delp, C.: Bodytraining im Fitness-Studio, Stuttgart 2004.
Delp, C.: Fit für den Strand. Perfektes Bodyforming, Stuttgart 2004.
Delp, C.: Fitness für Frauen. Mit Claudia Hein (Miss Germany 2004), Stuttgart 2004.
Delp, C.: Muay Thai. Traditionen, Techniken und Grundlagen des Thai-Boxens, Stuttgart 2004.
Delp, C.: So kämpfen die Stars. Die besten Kampfsporttechniken zum Selbsttraining, Stuttgart 2003.
Delp, C.: Thai-Boxen professional, Stuttgart 2002.
Delp, C.: Bodytraining für Zuhause basics, Stuttgart 2002.
Peterson, J. E.: Pushing Yourself to Power, Minneapolis (USA), 2003.
Tsatsouline, P.: The Naked Warrior, St. Paul (USA), 2004.

Buchteam

Abgebildete Sportler

Giovanni Nurchi
Mehrfacher deutscher Meister im Kickboxen (WAKO)

Martin Albers
Welt- und Europameister im Kickboxen (WAKO)
www.martin-albers.de

Peter Zaar
Nationaltrainer im Kickboxen (WAKO)

Somchok Homkaew,
Kampfnahme: Choktavee Sor. Ploenjit
Thai-Box-Champion, über 100 professionelle Kämpfe, Mitglied der Box-Nationalmannschaft von Thailand

Natalia Hein
Europameisterin im Kickboxen (WAKO)

Vanessa Florian
Deutsche Meisterin im Kickboxen (WAKO)

Bildnachweis:
Fotos von Erwin Wenzel: Seiten 2, 9, 11, 13, 17, 21, 24, 27, 32, 33, 34, 36, 37 (r.), 38 (r.), 39 (u.), 40 (u.), 41 (r.), 42 (u.), 43 (u.), 44, 45, 92, 93.
Alle anderen Fotos von Nopphadol Viwatkamolwat
www.astudioonline.com

Autor
Christoph Delp, Diplom-Betriebswirt und Autor
Trainer für Fitness und Muay Thai (Thai-Boxen)
Neuste deutschsprachige Publikationen:
„Bodyweight-Training“ (2007), „Kickboxen perfekt“ (2006), „Das große Fitnessbuch”(2006), „Kickboxen basics” (2006), „Sixpack-Trainer“ (2006), „Perfektes Hanteltraining“ (2005), „Fitness für Kampfsportler” (2005), „Thaiboxen basics“ (2005), „Best Stretching“ (2005) www.christophdelp.de www.muaythai.de

Richtiges Training erfolgreicher Kampf

Christoph Delp

Dehnen für Kampfsportler
Dieses Buch liefert die Grundlagen zum Dehnen, stellt die wichtigsten Dehnmethoden und komplette Dehnprogramme zu den verbreitetsten Kampfsportarten vor.

112 Seiten, 155 Farbbilder

Bestell-Nr. 50598 **€ 14,95**

Christoph Delp

Perfektes Workout mit Kleingeräten
Der Autor zeigt Übungen, die unter anderem die intermuskuläre Koordination verbessern und präsentiert die besten Geräte zu diesem extrem wichtigen Thema.

112 Seiten, 249 Farbbilder

Bestell-Nr. 50566 **€ 14,95**

Christoph Delp

Perfektes Bodyweight Training
Diese kostengünstige, ortsunabhängige und sehr gelenkschonende Form des Trainings ist inzwischen so beliebt, dass der Begriff »Bodyweight« in den Sprachgebrauch übergegangen ist.

112 Seiten, 198 Farbbilder

Bestell-Nr. 50538 **€ 14,95**

Christoph Delp

Fitness für Kampfsportler
96 Seiten, 216 Farbbilder, 1 Zeichnung

Bestell-Nr. 50489
€ 14,90

Christoph Delp

Das große Fitness-Buch
Die Beschreibungen der körperlichen Grundlagen und einer sinnvollen Ernährung machen diese Anleitung zu einer Art Personal Trainer für Studio- und Heimtraining.

224 Seiten, 395 Farbbilder, 1 Zeichnung

Bestell-Nr. 50500 **€ 24,90**

Christoph Delp

Perfektes Hanteltraining
96 Seiten, 171 Farbbilder, 1 Zeichnung

Bestell-Nr. 50483
€ 14,90

IHR VERLAG FÜR FITNESS-BÜCHER

Postfach 10 37 43 · 70032 Stuttgart
Tel. (07 11) 2 10 80 65 · Fax (07 11) 2 10 80 70
www.paul-pietsch-verlage.de

Stand September 2009
Änderungen in Preis und Lieferfähigkeit vorbehalten

Perfekte Kampfkunst

Christoph Delp

Thaiboxen fight

In dieser überarbeiteten und mit neuem Bildmaterial ausgestatteten Neuausgabe beschreibt Thai-Boxer Christoph Delp alles, was Fortgeschrittene wissen müssen.

176 Seiten, 495 Farbbilder

Bestell-Nr. 50578

€ 24,90

Christoph Delp

Thai-Boxen basics

Christoph Delp liefert mit diesem Ratgeber Thaibox-Interessierten – vom Einsteiger bis zum Trainer – Wissenswertes über alle Formen dieser Sportart.

176 Seiten, 323 Bilder, davon 322 in Farbe

Bestell-Nr. 50574 **€ 24,90**

Michael Korn

Ju-Jutsu kompakt für Kinder und Jugendliche

Das erste Ju-Jutsu-Buch speziell für Kinder. Es basiert auf dem Kinder-Prüfungsprogramm des DJJV und vermittelt Techniken vom weißen bis zum grünen Gürtel.

128 Seiten, 360 Farbbilder, 2 Zeichnungen

Bestell-Nr. 50569 **€ 14,95**

Neil Ohlenkamp

Meisterliches Judo

160 Seiten, 414 Bilder, davon 412 in Farbe, 8 Zeichnungen

Bestell-Nr. 50503

€ 24,90

Siegfried Ellwanger/Ulf Ellwanger

Boxen basics

Boxsport-Begeisterte erfahren in dieser überarbeiteten Neuausgabe alles über die Grundlagen des Amateurboxens und wie man das Boxen spielend erlernt.

168 Seiten, 91 Bilder, davon 83 in Farbe

Bestell-Nr. 50559 **€ 19,95**

Christoph Delp

So kämpfen die Stars

96 Seiten, 283 Farbbilder

Bestell-Nr. 50436

€ 14,90

IHR VERLAG FÜR KAMPFSPORT-BÜCHER

Postfach 10 37 43 · 70032 Stuttgart
Tel. (07 11) 2 10 80 65 · Fax (07 11) 2 10 80 70
www.paul-pietsch-verlage.de

pietsch

Stand September 2009
Änderungen in Preis und Lieferfähigkeit vorbehalten